R**B**

JANI KING

Jani King wuchs in Neuseeland auf und lebt heute in Kalifornien. Als Sechsjährige wurde sie von Außerirdischen auf ihre künftigen Aufgaben als Vermittlerin von Botschaften von den Plejaden vorbereitet. 1961 erschien ihr P'taah in einem materiellen Körper, danach ausschließlich in Form eines Geistwesens. Jani King ist eine ruhige, gelassene Person mit viel Sinn für Humor. Sie führt ein normales, unauffälliges Leben, isst gerne gut und ist eine leidenschaftliche Seglerin. Sie hat ihr Leben jetzt ganz in den Dienst von P'taah gestellt und ermöglicht es großen und kleinen Gruppen, mit P'taahs liebevoller Energie in Kontakt zu treten.

P'TAAH

DAS LEBEN
Eine Reise zu dir selbst

von JANI KING

R**B**

Die Originalausgabe erschien unter dem Titel »Guide for the Journey Home«
Erstausgabe

4. Auflage 2016
© 2013 Robert Betz Verlag München
der Robert Betz Transformations GmbH
robert-betz.com

ISBN: 978-3-942581-63-9

Aus dem Englischen von Sonja Göschel
Redaktion: Jennifer Hees, Manuela Zinner
Gesamtgestaltung: Ulrike Bürger, Wörthsee · Foto: nikol82 · fotolia.com
Druck: CPI books GmbH, Ulm

INHALT

Vorwort

Dieses herrliche Buch von P'taah, einem Lehrer der Geistigen Welt, gehört für mich in die Kategorie „Schlüsselbücher für ein glückliches Leben". Es gibt klare, für jeden verständliche Antworten auf die wichtigsten Fragen, die ein neugieriger Mensch ans Leben stellt: Wer sind wir? Woher kommen wir? Warum machen wir uns das Leben so schwer? Und wie kann ich, der dieses Buch hier liest, ein glücklicher Mensch werden? Ich kenne kein anderes Buch, das die Transformation von Unbewusstheit zu Bewusstheit, von der Angst zur Liebe, von Mangel zur Fülle, von Krankheit zu Gesundheit, kurzum den Weg zu Lebensglück und Erfüllung so kompakt und klar erläutert.

Das Leben ist für mich gedacht als eine Reise hin zu uns selbst, in die schrittweise Wiedererinnerung an unsere göttliche Liebesnatur. Jeder macht diese Reise, für die wir uns einmal entschieden haben. Beim einen dauert sie länger, beim anderen kürzer. Dieses kompakte Büchlein kann für Sie zum besten Reiseführer auf Ihrem Weg werden, durch den Sie sich viele Umwege ersparen. Sie können es einmal durchlesen und dann weglegen, aber ich empfehle Ihnen, jedes einzelne Kapitel Satz für Satz geistig zu ‚kauen' und zu verdauen und dann im Alltag anzuwenden. Das macht Freude und es ist leicht.

P'taah hat mich in seinen ersten Büchern, die ich, nachdem sie vergriffen waren, wieder aufgelegt habe in unserem Verlag, mit seiner Klarheit, seinem Humor und seiner tiefen Liebe zu uns Menschen innerlich gepackt und tief berührt. Er ist für mich einer meiner Top-Lehrer auf meinem Weg. Seine ‚Schritte der Verwandlung', die er in diesem Buch genau erläutert, sind die Grundlage der von mir ins Leben gerufenen ‚Transformations-Therapie', in der sich jährlich über 200 Menschen ausbilden lassen und zu einem von Liebe, Freude, Frieden erfüllten Leben in einem gesunden Körper verwandeln.

Wenn Sie dieses Buch auch berührt oder gar begeistert, dann schenken Sie es Menschen weiter, die Sie lieben. In dieser großen Umbruchzeit suchen immer mehr Menschen, die in eine Krise geraten, nach Antworten. Die alten Scheinsicherheiten brechen jetzt weg, damit wir das Wesentliche, die Wahrheit über uns und das Leben erkennen und unser Leben nicht weiter auf Sand bauen, sondern auf den Fels der Liebe, die uns atmen lässt, uns trägt, nährt und alles mit allem verbindet. Lesen Sie dieses Buch langsam, mit offenem Geist und Herzen, dann schauen Sie morgen mit anderen Augen auf diese Ihre Welt – und verstehen.

ROBERT BETZ

Tanzen lernen
auf wackligem Boden

Im Laufe eures Lebens wendet ihr im Alltag jene Fähigkeiten an, die ihr euch seit eurer Kindheit angeeignet habt, damit euer Leben funktioniert; damit ihr überlebt und eure Bemühungen von Erfolg gekrönt sein mögen. Für viele von euch bedeutet das mehr oder weniger ein Kampf. Gerade wenn ihr denkt, nun läuft es in allen Lebensbereichen rund und ihr wäret auf der Gewinnerseite, ist es oft, als würde das Universum euch den Boden unter den Füssen wegziehen und ihr befindet euch einmal mehr im Ungewissen.

Tatsache ist, dass sich alles immer verändert und egal worum es sich handelt, ihr werdet immer wieder mit Herausforderungen und mit scheinbar negativen Situationen konfrontiert, die gelöst werden wollen. Es mag Zeiten der Trauer und der Einsamkeit geben, mit denen ihr umgehen müsst. Es mag Zeiten geben, wo ihr euch als absolute Versager fühlt, wo ihr euch fragt, ob das Leben wirklich wert ist, gelebt zu werden.

Wir wünschen uns für euch, dass ihr lernt, auf diesem sich stets in Bewegung befindenden Boden – genannt Leben – zu tanzen. Nicht einfach nur zu tanzen, sondern zu tanzen mit vollendetem Können, mit Eleganz, mit Leidenschaft und Grazie. Wir wünschen uns, dass ihr mehr und mehr werdet, was ihr in Wirklichkeit seid. Dass ihr aufhört zu kämpfen, und dass euer Leben voller Freude, Lachen und Spielen ist.

Wenn das noch nicht deine Realität ist, ist das so, weil deine Glaubensvorstellungen über dich selbst und über deine Welt es nicht zulassen. Der erste Schritt dahin, deine Realität zu verändern, besteht darin, dass du dir absolut gewiss wirst, dass du deine Wirklichkeit erschaffst. Du hast die Macht dazu. Niemand hat Macht über dich, es sei denn, du ermächtigst ihn dazu. Du erschaffst dir deine eigene Realität absolut selbst. Dein äußeres Leben ist so, wie du es wahrnehmen willst.

Wenn du nicht erkennst, dass du dir alles selbst kreierst, kannst du es nicht verändern. Du bist dann ein »Opfer« deiner Glaubensvorstellungen. Wenn du verstehst, dass du dir alles selbst erschaffen hast, dann weißt du auch, dass du alles, was dir nicht gefällt, verändern kannst. Dann begreifst du, welch ehrfurchtgebietend mächtiges Wesen du bist. Und je mehr du BEWUSST schöpferisch tätig bist, umso machtvoller wirst du.

Das erfordert, dass du achtsamer wirst und den Dingen, die du bislang als »Zufall« oder »Unfall« abgetan hast - was du »Glück« oder »Pech« nennst - mehr Aufmerksamkeit schenkst. Solches gibt es nicht. Nichts passiert zufällig. Alles ist von dir erschaffen oder miterschaffen.

Alles im Multiversum ist ein Gedanke des Schöpfergeistes. Alles kommt von diesem einheitlichen Feld des Bewusstseins, wird in ein Netz eingewoben und ist durch endlose Dimensionen von Zeit und Raum hindurch mit allem verbunden.

Ihr erschafft euch selbst und eure vielfältigen Leben aus einem größeren Selbst heraus, einem Körper aus Energie und Bewusstsein, der wiederum Teil des einheitlichen Felds des Bewusstseins ist. Dieser Energiekörper ist das, was man auch »Seelenenergie« nennen könnte. Wir bezeichnen es als euer Lichtwesen. (Wenn ihr es mit euren Augen wahrnehmen könntet, würdet ihr es »Engel« nennen!) Diese Seelenenergie, die ihr seid, schickt auf äußerst freudvolle und kreative Weise viele Fäden aus Bewusstsein aus, damit sie menschliche Existenzen erfahren kann. Und alle diese Lebensspannen finden gleichzeitig statt.

Was ihr also für vergangene oder zukünftige Leben haltet, geschieht in Wirklichkeit JETZT. Alle Leben werden im einheitlichen Feld des Bewusstseins außerhalb von Raum und Zeit erschaffen und kommen daraus hervor. (Obwohl ihr natürlich alles auf einer Zeitlinie erlebt.) Auf genau die Art und Weise ist auch alles andere erschaffen, was ihr in eurer Welt wahrnehmt. Alles in eurer physikalischen Wirklichkeit kommt aus dem einheitlichen Feld, alles ist miteinander verbunden, alles ist eine prachtvolle Explosion des Bewusstseins.

Alles in eurer Welt, jedes Atom, jedes Molekül, ob es euch lebendig erscheint oder nicht, ist ein Körper, bestehend aus wahrnehmendem Bewusstsein. Ihr mögt es nicht in jedem Fall als Bewusstsein erkennen können, doch ganz gewiss ist sich alles seiner selbst bewusst, nimmt sich selbst wahr. Alles, was in der physischen Welt existiert, existiert zunächst und gleichzeitig im einheitlichen Feld, bevor es sich in eine körperliche Existenz manifestieren kann.

Weil alles was existiert mit allem verbunden ist, hat alles einen Einfluss auf alles andere. Eure Gedanken und Emotionen sind Energie und Bewusstsein. Sie beeinflussen und verändern alles, was sie »berühren«. Gedanken leben nicht in euren Köpfen. Sie sind wie Radiowellen, die ins Universum gesendet werden.

Du kannst deine Gedanken in Emotionen »eingepackt« überall hin senden, sie sowohl auf die sichtbare als auch auf die unsichtbare Realität richten. Gedanken werden von Zeit und Raum nicht beeinträchtigt. Das zeigt dir, dass nichts von dir getrennt ist. Wenn du eine Verbindung zu deiner Seele, zu einem geliebten Verstorbenen, zu einem Baum oder einem Ort herstellen möchtest, so kannst du das. Sei still. Atme. Sei Gedanke und Liebe - und höre hin.

Wenn du die Verbundenheit mit der Welt und den Einfluss, den du auf sie hast, erkennst und du begreifst, wie mächtig du bist, kommt mit diesem Wissen die Verantwortung einher. Du weißt dann, dass deine Gedanken und Gefühle sowohl verschönern als auch verschmutzen können. Du bist aufgefordert, Verantwortung zu übernehmen und Acht zu geben.

Wie wir schon erwähnten: Alles was sich physisch manifestiert hat, existiert zunächst und gleichzeitig als Energiekörper. Euer Bewusstsein hat Einfluss auf die Materie. Jede Veränderung und Transformation wird zunächst im Feinstofflichen bewirkt. Das bedeutet Gedanken (feinstofflich) beeinflussen zunächst den Energiekörper einer Materie, erst dann manifestiert sich die Veränderung im Materiellen.

In eurem Alltag beeinflusst ihr mit euren Glaubensvorstellungen und euren Gefühlen eure gesamte Umgebung. Wenn du glücklich, voller Energie und überschäumend liebevoller Zuneigung und Fürsorge bist und allem gegenüber dankbar, dann geschieht etwas ganz Außergewöhnliches. Es reagieren selbst Dinge darauf, die ihr für leblos haltet. Wenn ihr Ohren hättet, die das hören könnten, würdet ihr eine Art Summen wahrnehmen. Ein Lied, das von der Freude singt, ist ein wundersames Einstimmen in die Schwingungen allen Seins. Es geht darum, Dankbarkeit und Liebe zu SEIN. Wir wünschen uns für Euch, dass ihr alles in eurem Leben in diesem Zustand des SEINS tut.

Deshalb zeigen wir dir eine größere Perspektive auf, wer du in Wahrheit bist, über dein Universum und wie du dir deine Realität erschaffst, selbst dann, wenn du es nicht bewusst tust. Je mehr sich deine Wahrnehmung erweitert und du verstehst, wie machtvoll du bist, umso mehr wirst du dir dein Leben so erschaffen können, wie du es dir wünschst. Dein Leben wird zu dem freudig unbeschwerten Spiel, als das es ursprünglich gedacht war. Denn es ist ein Spiel, musst du wissen. Dieses Leben war nicht als Strafe gedacht. Es sollte ein großartiges Spiel sein, bei dem du uneingeschränkt deiner unsterblichen, göttlichen Pracht in der Materie Ausdruck verleihen kannst.

Alles ist Eins

Jeder, der diese Worte liest, spürt tief im Herzen ein leidenschaftliches Sehnen, nach Hause zu kommen. Jeder von euch wünscht sich fieberhaft, heil zu sein und sein Leben in Frieden und Harmonie zu leben. Ihr wünscht euch, ihr würdet Erfüllung und Zufriedenheit finden und das wahre Wesen der Liebe verstehen.

Doch ihr habt vergessen, wer ihr seid. Ihr habt eure Fähigkeiten vergessen. Ihr habt vergessen, dass ihr in Wahrheit Götter und Göttinnen seid, die aus dem einheitlichen Feld des Bewusstseins hervorgekommen sind, um auf dieser Ebene genannt Erde zu spielen, hier unverschämt kreativ euren Alltag in diesem eurem menschlichen Leben zu gestalten, eure Erde und alles auf und in ihr zu pflegen. Ihr habt vergessen, dass ihr geliebt werdet und dass die Liebe eure Wahrheit ist, dass das Universum euch jeden Moment unterstützt, wenn ihr es zulasst. Und ihr habt vergessen, dass die Liebe, die Liebe, die ihr seid, nur ein anderer Name für Gott/Göttin, ALLES WAS IST, ist.

Ihr habt euch im Getrennt-sein und der Isolation verirrt und habt vergessen, dass ihr Leben für Leben einfach nur wegen des Abenteuers und der emotionalen Erfahrung hergekommen seid.

Die ultimative Wahrheit darüber, wer ihr seid, die ausführlichste Beschreibung von Euch lautet so: Egal wie die Situation aussehen mag oder wie du dich fühlen magst, du bist in jedem Moment eine perfekte, ewige Ausdrucksform von ALLEM WAS IST.

Egal wie alleine oder wie getrennt du dich von anderen Menschen, von Gott, der Göttin, von dem dich umgebenden Universum fühlst, du bist NICHT davon getrennt. Alles was im Multiversum existiert, existiert als Manifestation des ALLES WAS IST. Der göttliche Funke ist die Lebenskraft jeder Existenz, ohne die nichts existieren kann. Es ist dieser Funke, der alles, sowohl in der sichtbaren als auch in der unsichtbaren Realität verbindet. Wie wir schon sagten, sogar die Dinge in eurem materiellen Universum, die ihr als leblos betrachtet, sind in ihrer molekularen Struktur von wahrnehmendem Bewusstsein durchtränkt.

Ihr existiert hier in einer materiellen Verkörperung. Sie ermöglicht euch, diese materielle Welt wahrzunehmen. Meistens habt ihr das Gefühl, dass ihr am äußersten Rand eures Körpers aufhört zu sein, was ein Gefühl des Getrennt-Seins verstärken kann. Wie auch immer, eine erweiterte Sicht auf euer Sein zeigt, dass ihr als schwingende Frequenz existiert. Dass ihr eine Gestalt aus Energie oder Bewusstsein seid, die sich um euren physischen Teil »wickelt« und sich mit ihm »verbindet«. Das macht euch zu der menschlichen Person, die ihr seid.

Eure Körper sind wahrhaftig ein Wunderwerk. Jedes Atom, jedes Molekül, jede Zelle, jedes Organ hat sein eigenes Bewusstsein und ist mit jedem anderen Teil eures Körpers verbunden. Jede Zelle und jedes

Organ ist auch mit jeder gleichartigen Zelle und jedem gleichartigen Organ verbunden, das existiert. Euer Körper ist auf gewisse Weise Teil der Erde. Er geht mit allen Dingen auf der Erde in Schwingung. Wenn du stirbst, zieht dein Bewusstsein weiter, dein Körper aber kehrt zur Göttin Erde zurück, wo er in Wirklichkeit hingehört. Auf der körperlichen Ebene seid ihr mit jeder anderen physischen Manifestation verbunden.

Der größere Anteil von euch befindet sich in einer feinstofflichen Realität. Das Bewusstsein ist der ewige Teil von Euch. Das ist der Teil, der mit eurem höheren Selbst oder eurer Seelenenergie verbunden ist, euer direkter Zugang zum einheitlichen Feld des Bewusstseins, oder auch Leere der Schöpfung genannt, wo alle möglichen und wahrscheinlichen Manifestationen im Multiversum herkommen, der Ursuppe jeder Schöpfung, der Ort, wenn du so willst, wo alles Wissen vorhanden ist.

Selbst euer physischer Körper existiert größtenteils im feinstofflichen Bereich. Das Wissen und die Erinnerungen eurer DNA, eure molekularen und zellulären Erinnerungen, sind im einheitlichen Feld gespeichert.

Es ist dieser göttliche Funke, der alles zwischen dem körperlichen und feinstofflichen Bereich verbindet. Wenn du nun deine Wahrnehmung ausdehnst und deine erstaunlichen Fähigkeiten einsetzt, dich zu konzentrieren und deine Aufmerksamkeit zu lenken, wirst du mehr und mehr fähig sein, dich sowohl mit der sichtbaren als auch mit der unsichtbaren Wirklichkeit zu verbinden. Der Wunsch nach Verbundenheit und die Erkenntnis, dass alles miteinander verbunden ist, wird eure Welt transformieren. Je mehr du diese Fähigkeiten übst, um so mehr fühlt ihr euch verbunden.

Wenn du dich verbunden fühlst, erkennst du mehr und mehr die Daseinsberechtigung und »Richtigkeit« eines jeden lebendigen Wesens, ob es sich nun um Tiere, Pflanzen oder Minerale handelt. Du kannst dich mit allem im Universum verbinden, das du wahrnehmen kannst. Und mit ehrfürchtigem Staunen über solch verblüffende Einheit wachsen dein Mitgefühl und deine Dankbarkeit.

Du bist wahrhaftig ein ehrfurchtgebietendes Juwel der Schöpfung und alles Wundervolle, das du in deiner natürlichen Welt erblickst, ist dazu da, dir deine eigene, einzigartige Schönheit und das Wunder, das du bist, zurückzuspiegeln.

Wir wünschen uns für euch, dass ihr zunehmend ein Gefühl für diese Verbundenheit und des Eins-Seins mit der gesamten Schöpfung bekommt und so immer öfter in Freude und Spontanität lebt.

DIE LÜGE

Über mehrere Generationen hinweg seid ihr einer Lüge aufgesessen. Diese Lüge machte euch glauben, dass ihr unwerte und schuldige Kreaturen voller Sünde seid. Dass es einen Gott gibt, der euch beurteilt und euch bestraft. Und solltet ihr dieses oder jenes nicht tun, dann wärt ihr es nicht wert, dass Gott oder irgendjemand anderer euch liebt und hättet all die wundervollen Dinge nicht verdient, die ihr euch wünscht.

Die Lüge beinhaltet die Vorstellung, dass ihr euch je nach Gesellschaft in der ihr lebt, gewisse Praktiken, Riten oder Rituale aneignen müsst, um würdig zu sein. Ihr bekommt ein Bild von einem »fertigen, perfekten Ideal«. So wie diese Person solltet ihr sein, ihr müsst es nur endlich »richtig« machen.

Nun, die Wahrheit ist, ihr seid bereits perfekt und werdet nie »fertig« sein, weil ihr eine sich in die Unendlichkeit ausdehnende Perfektion seid. Wie könnt ihr unwürdig sein, ihr, die ihr ein Gedanke des Schöpfergeistes, eine perfekte und ewige Ausdehnung der Quelle seid?

Diese Lüge, die ins kollektive Bewusstsein eingepflanzt wurde, war und ist immer noch ein machtvolles Instrument, um euch zu kontrollieren und zu manipulieren.

Glücklicherweise bist du als Individuum stärker als das kollektive Bewusstsein. Die Tatsache, dass ihr alle miteinander verbunden seid, bedeutet, dass du deiner gesamten Spezies hilfst, wenn sich deine Wahrnehmung erweitert und sich dein Bewusstsein ausdehnt. Dadurch verliert die Lüge ihre Macht.

Jeder von euch ist ein erfurchtgebietendes, machtvolles und spirituelles Wesen, das sich für sich selbst und mit anderen zusammen seine tägliche Existenz erschafft. Keine Situation oder Erfahrung hat eine Bedeutung, außer der, die du ihr verleihst. Wenn du beginnst, dein Leben in Freiheit und Freude zu leben, wenn du dein wahres Wesen erkennst, dann negierst du diese Lüge und zeigst mit deinem Beispiel größere Möglichkeiten auf.

Besonders heimtückisch an dieser Lüge ist, dass man euch von frühester Kindheit an glauben macht, dass ihr unwerte Wesen seid. Dieser Glaube bewirkt eine Trennung im Selbst. Ihr wachst auf und beginnt zu verstecken, was ihr an euch selbst verurteilt. Ihr könnt nicht lieben, wer ihr seid und bevor ihr das nicht könnt, seid ihr zu einem unerfüllten Leben verdammt.

In der heutigen Zeit explodierender Informationen wird vieles als »Wahrheit« verbreitet, ist aber in der Tat die gleiche alte Lüge. Auch viele der so genannten »neuen« spirituellen Lehren beinhalten Vorstellungen darüber, wie ihr »sein sollt«, damit ihr Zugang zu eurem inneren Wissen erlangt. »Erleuchtung« wird wie ein Preis hochgehalten, den man gewinnen kann, wenn man diese Praktik oder jene Disziplin ausübt.

Deshalb ist es wichtig für euch, dass ihr zu unterscheiden lernt. Bleibt nicht in der Angst stecken, ihr könntet möglicherweise etwas falsch machen oder gar den Zug verpassen. Wir sagen euch: Erleuchtung ist die natürliche Folge, wenn ihr euch als das liebt, was ihr seid: eine Ausdehnung des Schöpfergeistes.

Das ist die Wahrheit: Egal wie es erscheinen mag oder wie die Situation aussieht, ihr seid eine perfekte und ewige Ausdehnung der Schöpferquelle. Ihr existiert bereits als »erleuchtetes« spirituelles Wesen. Man nennt es eure Seelenessenz. In dieser Realität seid ihr, weil ihr es auf Seelenebene so ausgesucht habt, ganz einfach wegen der emotionalen Erfahrung. Jeder von euch existiert gleichzeitig in mehreren menschlichen Leben und sie alle finden im ewigen Jetzt statt. Jeder von euch erlebt auch Existenzen außerhalb dieses Planeten und jenseits dieser Realitätsebene. Irgendwie ist es ein unglaublich kreatives Spiel. Nur habt ihr vergessen, wie man es spielt.

Das bedeutet nun: Sollte irgendetwas andeuten, dass du weniger als eine perfekte, ewige Ausdehnung der Schöpferquelle bist, dann ist das nicht deine höchste Wahrheit.

Wenn irgendjemand behauptet, dass du etwas auf »diese oder jene Weise« tun musst, sonst sei es nichts wert oder du würdest nicht erleuchtet werden, dann weißt du jetzt, dass das nicht deine höchste Wahrheit ist.

Wenn irgendetwas auf Angst begründet ist, ist es nicht deine höchste Wahrheit.

Widerlege die Lüge: Du bist alle Wunder wert, ganz einfach weil es dich gibt.

Schau, es wird Zeit, dass du endlich beginnst in diesen Dingen Deinen Gefühlen zu vertrauen. Wenn du dich mit neuen Gedanken auseinandersetzt oder du den Ideen von jemandem zuhörst, kannst du die oben genannten Kriterien anwenden. Achte auch auf deine Gefühle, die du jeweils dabei hast. Der innerste Kern von dir erkennt, was richtig ist. Denn das fühlt sich gut an. Wenn es sich nicht gut anfühlt, frage dich: »Ist damit eine Angst verbunden?« Wenn du eine Angst erkennst, dann suche ihren Ursprung. Ist es deine eigene Angst oder wohnt den Gedanken eine Angst inne.

Du kannst jederzeit antworten: »Ich achte dein Recht auf deine eigenen Glaubensvorstellungen, aber sie entsprechen nicht meiner höchsten Wahrheit.« Jeder Mensch befindet sich auf seinem eigenen Weg zur Wahrheit und Göttlichkeit. Jeder Weg hat seine Berechtigung. Es ist wichtig, dass du nicht nur herausfindest, was für dich richtig ist, sondern was auch dem Planeten dient und allem was darauf und darin existiert. Eigentlich gibt es nur eine Frage zu stellen: Die nach der Liebe. Und darauf gibt es nur eine Antwort: Liebe.

DIE REALITÄT

Es ist wahr: Du selbst erschaffst dir deine gesamte Realität, jederzeit und überall.

Die meiste Zeit hast du keine Ahnung, dass du aktiv die Realität deines täglichen Lebens erschaffst oder wie du das tust. So wie die gesamte Schöpfung miteinander verbunden ist, bist du als Mitschöpfer in allen Bereichen deines Lebens beteiligt und das auf äußerst wundersame und komplexe Art und Weise.

Auf Seelenebene hast du es dir ausgesucht, als menschliches Wesen zu inkarnieren. Auf jener Ebene hast du deine Familie und dein genetisches Erbe ausgewählt. Sehr oft sucht ihr euch eine Gruppe aus, mit der ihr über viele Leben und Zeitabschnitte hinweg interagieren wollt und oft wechselt ihr dabei eure Rolle. Du suchst dir die Zeit und den Ort deiner Geburt aus, dein Geschlecht, deine Rasse, deine Nationalität, dein sozioökonomisches Umfeld und in groben Zügen den »Spielplan« deines Lebens. Der »Spielplan« ist eine lose Matrix oder Struktur, in der du deine Lebenspläne Tag für Tag neu bestimmst.

Innerhalb dieser Matrix wählst du zwischen möglichen Wirklichkeiten aus. Es mag sein, dass in einer möglichen Realität deine Eltern sterben, während du noch sehr jung bist oder sie lassen sich möglicherweise scheiden. Es kann sein, dass du mit einer Leidenschaft für Musik inkarnierst oder einer für die Malerei oder für die Mathematik. Es ist interessant, dass sich Talente oder Leidenschaften in größerem oder kleinerem Ausmaß in mehr als einem Leben manifestieren. Auch ist es so, dass Gruppen mit gleichen Interessen zusammenkommen, einfach um miteinander die Freude und die Leidenschaft darüber zu teilen. Darum ergeben sich immer wieder Situationen wie: »Oh, der Soundso spielt so gerne Violine, schon sein Großonkel war ein bekannter Violinist«.

Wir wurden oft gefragt, »wenn das wahr ist, dass jeder seine eigene Wirklichkeit kreiert, warum sollten wir uns dann eine Familie aussuchen, in der wir misshandelt werden oder wo wir vor Hunger sterben müssen oder uns gar eine Zeit an einem Ort aussuchen, wo Krieg herrscht?« Es mag hart klingen, wenn wir euch antworten: »Einfach, damit das erfahren werden kann«. Doch denkt darüber nach: Ihr seid wirklich ewige Wesen. Ihr inkarniert mehrere hunderte Male als Menschen. Nicht weil ihr dazu verurteilt seid. Ihr entscheidet euch dafür, weil es die wunderbarste, erstaunlichste, vibrierenste und intensivste emotionale Erfahrung ist.

Für die ewige Seele bedeutet ein Leben ein einziges Ein- und Ausatmen. Auf Seelenebene besteht der Wunsch, jede mögliche Erfahrung und Emotion zu erschaffen.

Nun, nachdem du deinen »Spielplan« entworfen hast, bist du bereit, geboren zu werden. Vom Moment deiner physischen Geburt an beginnst du, Erfahrungen zu sammeln, die dich prägen. Diese frühen Erfahrungen führen zu Glaubensvorstellungen und diese lösen entsprechende emotionale Reaktionen aus. Zusammen mit den Interaktionen in deiner Familie und deren Glaubensstrukturen entsteht der Rahmen, innerhalb dem du dein tägliches Leben kreierst. Im Alter von ungefähr sechs Jahren sind diese Glaubensvorstellungen und deine jeweiligen emotionalen Reaktionen darauf mehr oder weniger in Stein gemeißelt, bis zu dem Zeitpunkt, an dem du bewusst beschließt, sie zu verändern.

Viele deiner Glaubensvorstellungen über die Wirklichkeit sind Teil des kollektiven Bewusstseins und gelten als »Wahrheit« oder »unumstößliche Tatsache«. Meistens ist dir nicht einmal bewusst, dass du sie glaubst, und dass sie nicht nötigerweise wahr sein müssen, dass es sich nur um Glaubensvorstellungen über die Wirklichkeit handelt.

Deine Wirklichkeit ist subjektiv. Deine Welt ist das, was das kollektive Bewusstsein glauben will. Deine Glaubensvorstellungen bestimmen, wie du dein eigenes Leben und dein Leben in Bezug zu allem anderen wahrnimmst und wie es sich anfühlt.

Diese Glaubensvorstellungen sind die Grundsteine der von dir mit-erschaffenen Realität. Nun haben viele von euch herausgefunden, dass Gedankenmuster alleine nicht unbedingt das tägliche Leben erschaffen oder verändern können. Wie wir schon oft erwähnten, würde eure Welt ganz anders aussehen, wenn ihr bloß mit euren Gedanken gestalten könntet.

Was also ist die treibende Kraft mit der sich Gedanken-muster oder Glaubensvorstellungen als deine Realität manifestieren? EMOTIONEN: Energie in Bewegung. Glaubensvorstellungen erzeugen Emotionen. Wun-dervolle, prachtvolle Emotionen. Sie sind der Grund, weshalb du immer wieder hier inkarnieren willst. Es ist erforderlich, dass du verstehst, dass das Univer-sum dich jederzeit zu hundert Prozent unterstützt. Es unterstützt dich ganz ohne zu urteilen. Es erlaubt dir zu erschaffen, was und wie auch immer du möchtest.

Weil das so ist, schlagen wir vor, dass du ganz schnell lernst, wie du BEWUSST dein Leben gestal-test, so dass du mehr Frieden, mehr Harmonie, mehr Liebe und Freude in dein Leben bringst. Weil du mit allem verbunden bist, bewirkst du das nicht nur für dein eigenes Leben, sondern für die ganze Welt.

Es ist nicht schwierig, bewusster zu kreieren.

Es braucht dazu Folgendes:

a) Achte auf deine Gedanken und deine Reaktionen darauf. Fühlt sich eines von beidem negativ an, musst du dich mit der darunter verborgenen Angst auseinandersetzen

b) Achte auf deine Glaubensvorstellungen, die du bezüglich dir selbst und der jeweiligen Situation hegst und ändere dann die Vorstellungen, die dir nicht länger dienlich sind.

c) Lerne zu SEIN, was du dir für dich wünschst.

Wir wollen darauf etwas später noch detaillierter eingehen.

Liebe und Angst stehen am gegenseitigen Ende des emotionalen Spektrums. Einen großen Teil deines Lebens verbringst du im »neutralen« Bereich. Du gehst durch den Tag und schenkst deinen Gedanken oder deinen Gefühlen nicht sehr viel Aufmerksamkeit. Dabei weilst du mit deinen Gedanken und deiner Aufmerksamkeit eher in der Vergangenheit oder in der Zukunft als im JETZT.

Deine Emotionen sind die Kraft und der Treibstoff zu deinem kreativen Leben. Je intensiver die Emotion, umso größer die schöpferische Kraft. Die energiereichsten Emotionen sind Liebe und Angst. Nun, wir sagten ja schon, dass das Universum dich zu hundert Prozent unterstützt, ohne zu urteilen. Wenn nun hinter einer Wahl oder einer Entscheidung ein Gefühl der Angst steht, wird das Universum deine Wahl unterstützen.

Wenn der zugrunde liegende Glaube besagt, dass du es nicht wert bist geliebt zu werden, dann wird dieser Glaube die Angst schüren, keine Liebe zu finden. Das Universum wird diese Emotion und diese Vorstellung unterstützen und dir helfen, genau die Leute und die Situationen in dein Leben zu bringen, die dir diese Angst und diese Vorstellung zurückspiegeln.

Viele fürchten, dass es versteckte Ängste und Glaubensvorstellungen sind, die ihr Leben auf solch negative Art beeinflussen. Doch wir möchten dich darauf hinweisen, dass nichts wirklich versteckt ist. Dein Leben und deine Gefühle zeigen dir ganz genau, was du über dich selbst und über die Welt in der du lebst, glaubst. Wenn du über bestimmte Bereiche deines Lebens unglücklich bist, dann frage dich: »Was glaube ich über mich selbst in Bezug auf diese Situation?« Denke über die Aspekte deines Lebens nach, die dir Freude bereiten und stell dir dieselbe Frage.

So etwas wie »Unfälle« oder »Zufälle« gibt es nicht. Beachte! Alles, was dir widerfährt, ist eine Co-Kreation. Wenn du verstehst, dass jeder einzelne von euch ein souveränes, mächtiges Wesen, ein Mitschöpfer seines eigenen Lebens ist und dass alle miteinander absolut verbunden sind, dann gibt es nicht mehr vieles, wofür man jemanden die Schuld geben oder sich gegenseitig beschuldigen könnte. Im Gegenzug nehmen viele von euch die Schuld einer Situation auf sich, ohne dass sie die Eigenverantwortlichkeit der anderen Teilnehmer an einer gemeinsamen Kreation anerkennen.

Nehmen wir zum Beispiel einen Autounfall, der zu Verletzungen, vielleicht sogar zu einem Tod führt. In so einem Fall wird das Resultat viele Menschen betreffen: Die Familien, die Freunde, die Menschen, die den »Unfall« beobachtet haben und die Ärzte und Schwestern, die vielleicht den Verletzten im Auto geholfen haben. In so einem Fall kannst du erkennen, was mit einer Co-Kreation gemeint ist, welch weit reichenden Einfluss sie hat, weit über den Kreis der Leute hinaus, die direkt in diesen »Unfall« verwickelt waren.

Was immer du erschaffst, ob du es nun positiv oder negativ bewertest, es ist ein Geschenk an dich. Es steckt manche Weisheit für dich darin, neue Erkenntnisse über dich selbst oder über deine Welt. Manchmal empfindest du eine Situation als unglaublich traurig oder gar grauenhaft. Da ist es wichtig zu wissen, dass auch darin eine Perle verborgen liegt, eine Gelegenheit zu wachsen, vielleicht die Gelegenheit, dich jemandem zuzuwenden. Indem du das tust, entdeckst du ein Juwel, von dem du keine Ahnung hattest.

Es ist also in Wirklichkeit ein wundervolles Spiel, das ihr alle spielt. Wir wünschen uns für dich, dass du es darin zur Meisterschaft bringst und dabei massenhaft Freude hast. Achte auf die Resultate deiner bewussten Schöpfungen. Klopfe dir selbst auf die Schulter und sage zu deinem göttlichen Selbst und dem Universum: »Ich danke dir für das Privileg, in dieser zauberhaften Welt sein zu dürfen.«

Das Jetzt

Weil deine Kraft in deinen Emotionen liegt, liegt der Moment dieser Kraft in der Gegenwart, im JETZT. Deine Vergangenheit ist vorbei und deine Zukunft ist das Ergebnis der Entscheidungen, die du jetzt triffst. Wir können das nicht genug betonen. Je mehr du lernst, dich auf deine Gedanken und deine Gefühle in deinem Körper zu fokussieren und auf deine Reaktionen und Gefühle achtest, die in Beziehung zum äußeren Geschehen stehen, umso mehr wird sich dein Leben entfalten, statt dass du dagegen ankämpfen musst.

Es geschieht im JETZT, das du alte Glaubenssätze aufspüren kannst, solche, von denen du nicht einmal wusstest, dass du sie hattest. Vielleicht sind gewisse Glaubensvorstellungen nicht mehr länger von Vorteil, denn sie halten dich in alten Mustern fest. Wenn du eine Glaubensvorstellung erkannt hast, kannst du einen Moment innehalten und dir sagen: »Das entspricht nicht mehr länger meiner Wahrheit, denn ich weiß jetzt, dass es sich anders verhält«. So ersetzt du dein altes Glaubensmuster mit deiner erweiterten Wahrnehmung. Wenn du das einige Male wiederholst, wirst du feststellen, dass dein Computer das Alte durch das Neue ersetzt.

Das JETZT ist dein Moment der Transformation. Du weißt ja, wenn du herzlich aus dem Bauch heraus lachst, dann befindest du dich ganz und gar in der Gegenwart. Nicht in der Vergangenheit. Nicht in der Zukunft. Wenn du dich in einem Zustand der Freude, des Lachens, der Leidenschaft oder Faszination befindest, dann lässt du dich treiben. Indem du in die Faszination eintauchst, erschaffst du einen Kanal, durch den Information und Wissen fließen kann. Wo glaubst du, kommen »originelle Gedanken« her? Wo du dich freudvoll im JETZT befindest, gibt es keine negativen Urteile. (Wenigstens nicht in diesem Moment. Oft kasteit ihr euch im Nachhinein!)

Entscheidungen, die ihr in einem freudvollen JETZT trefft, tragen die entsprechende Resonanz weiter. Dein weiteres Leben wird also größtenteils in Frieden, Freude und Harmonie verlaufen.

Wenn jedoch eine Situation eine Reaktion der Angst hervorruft (Ärger, Aggression, Ablehnung, Eifersucht usw.), geschieht das Gegenteil. Anstatt sich mit dem Gefühl treiben zu lassen, verkrampft sich der Bauch und das Gefühl wird zurückgehalten. Irgendwann lösen diese zurückgehaltenen Gefühle Leiden und Krankheiten aus. Das Leben wird zur Hölle und wirft dich völlig aus dem Gleichgewicht.

Wenn du dich mit all diesen Dingen, die dir Angst machen sobald sie aufkommen, auseinandersetzt, im jeweiligen JETZT, findest du sehr schnell wieder ins Gleichgewicht zurück. Dann, von diesem Zustand des wieder gefundenen Gleichgewichts aus, bist du bereit für deine weiteren Entscheidungen, statt sie aus einem Zustand der Angst heraus zu treffen.

Wenn du es logisch betrachtest, dann erkennst du, wie wichtig es ist, dem JETZT Aufmerksamkeit zu schenken. Dein Körper spricht die ganze Zeit mit dir. Er sagt dir, was er für Nahrung braucht, wann er Schlafen muss, wann er Bewegung braucht, usw. Du verpasst die Signale, wenn du nicht achtsam bist. Du verpasst Momente voller Freude und Schönheit, wenn du nicht im JETZT weilst. Du verpasst Gelegenheiten zu Spiel und Kameradschaft. Verpasst Gelegenheiten, Liebe auszutauschen, Mitgefühl zu erfahren oder ganz einfach Zeit zu haben.

Im JETZT ertappst du dich dabei, wie du über andere negativ urteilst. Erkenne, dass alles was du außerhalb von dir wahrnimmst, dir als Gelegenheit dient, dich selber besser kennen zu lernen. Ein negatives Urteil über jemand anderen basiert auf einer Angst, die du hast oder einem negativen Urteil dir selbst gegenüber.

All das führt zu einem tieferen Verständnis über dich selbst. Lerne, mit den einengenden Glaubensvorstellungen und deinen Ängsten umzugehen, sie halten dich davon ab, dich selbst zu lieben und das Leben zu leben, das dir zusteht.

ANGST

Die Polarität der Energie: Liebe und Angst. Seit vielen Jahren reden wir über die Angst und wir möchten einmal mehr darüber reden, denn sie ist ein wichtiges Element des Lebens auf dieser Ebene der Wirklichkeit. Sie bestimmt einen großen Prozentsatz eurer täglichen Realität, beeinflusst eure Wahlfreiheit und eure Entscheidungen und hält euch gefangen.

Wenn ihr euch durch die Geburt in diese Wirklichkeit begebt, erinnert ihr euch zunächst daran, wer ihr eigentlich seid. Ihr wisst, dass euer Zuhause das einheitliche Feld des Bewusstseins ist, wo alles EINS ist und wo Liebe die Realität ist. Nach der Geburt ist das Bewusstsein für eine Weile noch nicht sehr stark in der dritten Dimension der Realität verankert. Es fühlt sich in diesen kleinen Körper eingezwängt und stellt fest, dass es nicht kommunizieren kann. Ziemlich bald jedoch verlagert sich der Schwerpunkt auf den Körper und die Erinnerungen an ein Anderswo beginnen zu verblassen.

Obwohl ihr (normalerweise) geliebt werdet, stellt euer Baby-Ich, das noch nicht kommunizieren kann, fest, dass seine Bedürfnisse nicht immer rechtzeitig gestillt werden. Es hat das Gefühl, als würde Liebe zurückgehalten. Das Baby-Ich fühlt sich machtlos, daran etwas zu ändern. Das Baby, später das Kleinkind, erlernt schon bald die nötigen Verhaltensweisen, um sich die Liebe zu »verdienen« oder zu bekommen, was es will. Wenn ihr euch nun als Kind nicht »passend« verhalten habt, wird euch das Gefühl vermittelt, dass ihr nicht geliebt werdet oder dass ihr die Liebe nicht verdient habt.

Man bringt euch auch bei, dass die Welt ein gefährlicher Ort ist, den man womöglich fürchten muss. Bis zum Alter von sechs Jahren werden diese negativen Programme rund 60'000 mal bekräftigt.

Du lerntest also zu glauben, dass Liebe Schmerz bedeutet. Dass jemand, den du liebst, dich bestraft oder dich verlässt oder stirbt. Und es fühlt sich an, als wäre ein Teil in dir ob solchem Schmerz gestorben.

Hinzu kommen die Glaubensvorstellungen des kollektiven Bewusstseins. Viele davon sind auf Angst begründet. Und dann sind da noch die Glaubensstrukturen der Familie. Wobei ihr oft nicht erkennt, dass sie von der Familie übernommen wurden. Manchmal handelt es sich einfach um Dinge; »die haben wir schon immer so gemacht«. Manchmal handelt es sich um Aberglaube oder religiöse Glaubensformen und Rituale. Das alles trägt dazu bei, dein Leben zu formen. Wenn diese Glaubenssätze nun auf einer Angst begründet sind, oder die Vorstellung verstärken, dass du es nicht wert bist oder die Menschheit im allgemeinen unwürdig ist, dann wird das ein Teil deiner Matrix, von der aus du dir deine Wirklichkeit erschaffst. Mit etwa sechs Jahren sind deine Glaubensvorstellungen über dich selbst und wer du in deiner Welt bist schon ziemlich festgefahren. Du wirst körperlich und geistig erwachsen, aber innen drin lebt immer noch das Kind, dein inneres Kind, das glaubt, »ich bin es nicht wert« oder »ich bin nicht genug.«

Dieses innere Kind kontrolliert den Grossteil deines Lebens. Damit meinen wir, dass jedes Mal, wenn du in deinem Leben eine Entscheidung aufgrund einer Angst fällst, hat dein inneres Kind und nicht dein rationales, »freies« Erwachsenen-Ich die Kontrolle.

An dieser Stelle möchten wir betonen, dass nicht jede Angst negativ zu beurteilen ist. In gewissen Situationen kann die Angst und der Drang darauf zu reagieren, den Unterschied zwischen Leben und Tod bedeuten. Doch wenn das Leben von der Angst beherrscht wird, bedeutet es ein Gefangener zu sein. Es bedeutet, dass du dein volles Potential nicht erreichen wirst oder du dir nie erlaubst, der/die zu sein, der/die du in Wahrheit bist.

Dein inneres Kind lebt in dir, urteilt und kontrolliert. Es liebt dich über alles und wird alles tun, damit du sicher bist. Jedes Mal, wenn du eine Angst unterdrückst, verleugnest du auf gewisse Weise diesen Teil von dir und lässt ihn im Stich. Es ist der Teil von dir, der sich seit deiner Kindheit versteckt hält.

Wenn du dich freust, dann lässt du dich von diesem Gefühl treiben. Wenn eine Situation Angst hervorruft, versuchst du sie zu kontrollieren. Du überdeckst sie oder versteckst dich vor ihr. Du kehrst sie unter den Teppich und hoffst, dass niemand davon weiß. Denn es ist gefährlich, verletzlich zu sein. Du kannst es dir nicht leisten, ungehindert du selbst zu sein, denn andere könnten dich dafür verurteilen und finden, du wärst nicht liebenswert oder gar Schlimmeres. Du kannst dein Herz nicht offenbaren, denn dann könnte jemand ein Messer hineinstoßen.

Man könnte also sagen, diese kleine Person in jedem von euch heißt Angst. Sie ist nicht böse oder beängstigend, sie ist nicht wirklich euer Feind. Es ist der Teil von dir, der die Wahrheit vergessen hat, der vergessen hat, wer er oder sie in Wirklichkeit ist.

Wir wünschen uns für dich, dass du lernst, die Angst in Liebe zu verwandeln und du zu deinem wahren Ich findest.

TRANSFORMATION

Im Grunde haben alle Deine Ängste ihren Ursprung in deinem Glauben, dass du es nicht wert bist. Damit es für dich einfacher wird, deine Ängste zu identifizieren, haben wir sie in vier Kategorien unterteilt. Das sind die vier Grundängste:

1. Ich bin unwürdig (ungenügend)
2. Ich bin machtlos (irgend etwas zu verändern)
3. Liebe bedeutet Schmerz
4. Meine Welt ist ein gefährlicher Ort

Du allein hast die Macht zur Transformation. Du erschaffst dir deine eigene Realität absolut selbst. Wenn dir nicht gefällt, was du erschaffen hast, dann hast du die Fähigkeit, es zu verändern. Der erste Schritt zur Transformation heißt, die Verantwortung für deine Kreationen zu übernehmen. Solange du dich als Opfer siehst, bist du machtlos und kannst nichts verändern. Doch du bist kein Opfer und egal wie furchtbar eine Geschichte aussehen mag, du hast sie auf irgendeine Art miterschaffen.

Erinnere dich daran, wie wichtig das JETZT ist. Das ist dein Kraftort, der Moment, um zu transformieren. Die Vergangenheit ist vorbei. Du kannst nur im JETZT wählen, wie du es haben möchtest und wer du sein willst und mit dieser Wahl erschaffst du dir deine Morgen.

Du kannst die Angst nur im JETZT transformieren, wo du sie auch FÜHLEN kannst. Andernfalls ist es nur eine intellektuelle Übung. Wie wir schon erwähnten: Wenn ihr mit einfachem Denken die Dinge verändern könntet, würde eure Welt völlig anders aussehen. Das Gefühl, die EMOTION ist die Kraft, mit der du deine Wirklichkeit erschaffst. Das Transformieren der Angst in Liebe kann nur stattfinden, während du diese Emotion fühlst. Emotion an und für sich ist einfach nur Energie. Du bist es, der sie bewertet oder sie zu etwas Gutem oder Schlechtem macht. Im Wesentlichen veränderst du die Schwingung einer Energie einzig durch deine Absicht. So mächtig bist Du.

Die einzige Möglichkeit die Frequenz der Angst zu transformieren, besteht darin, sie anzuerkennen, zu akzeptieren und sie vollständig anzunehmen. Ihr habt versucht sie zu unterdrücken, sie loszuwerden und das hat nicht funktioniert. Ihr habt versucht, sie zu ignorieren und so zu tun, als wäre sie nicht da. Es hat nicht funktioniert. Ihr könnt die Angst nur dann transformieren, wenn ihr sie im jeweiligen Moment anerkennt, akzeptiert und vollständig annehmt. Zur Erinnerung: Was ihr ablehnt, das ermächtigt ihr.

Hier also die vier Schlüssel zum Transformieren der Angst in Liebe:
1. Übernimm die VERANTWORTUNG, erkenne und akzeptiere, dass es sich um DEINE Angst handelt.

2. Im JETZT
3. Während du sie FÜHLST.
4. Indem du sie anerkennst, akzeptierst und vollständig ANNIMMST.

Es ist natürlich nicht ganz einfach, die Angst anzunehmen, wenn du dein ganzes Leben damit zugebracht hast, vor ihr wegzulaufen. Doch so schwierig ist es nun auch wieder nicht.

Zunächst einmal: STOPP. Wenn du dich unter Leuten befindest, gehe zur Toilette oder irgendwohin, wo du alleine sein kannst. Es dauert nur wenige Augenblicke. Es handelt sich hier nicht um eine lang anhaltende, qualvolle Übung, wo man sich auf dem Boden winden muss. Es ist eine ganz einfache Übung des Herzens.

Also, Stopp. Dann atme bewusst tief und gleichmäßig ein und aus. Schau, alles in dieser physischen Welt widerspiegelt eine viel größere Wirklichkeit. In eurer Welt bedeutet der Atem Leben, in einem größeren Zusammenhang ist das Leben gleichbedeutend mit der Schöpferquelle. Wenn du nun innehältst, mit Absicht atmest, verbindest du dich sofort mit deiner Quelle, deinem höheren Selbst. Und mit dem Atmen spürst du, wie du dich mehr und mehr zentrierst und wieder in Balance kommst.

Dann stelle dir dich als Kleinkind vor, im Alter von ungefähr vier Jahren, vielleicht auch etwas älter. Es kommt nicht so darauf an, wie genau du dich selbst siehst. Da ist also dieses Kleine, das da vor dir steht, einsam, verängstigt und mit gebrochenem Herzen.

Wie reagierst du nun? In Gedanken greifst du nach diesem Kleinen und drückst es an deine Brust. Dieses kleine Wesen hat all die Jahre deines bisherigen Lebens gekämpft, dich beschützt und sichergestellt, dass du überlebst; dieses Kleine, dessen Name Angst lautet. Du schließt also deine Arme um dieses Kleine und hältst es fest.

Was hattet ihr bis jetzt mit der Angst gemacht? Ihr habt sie versteckt, sie verleugnet und unter den Teppich gekehrt. Nun sagst du also zu diesem kleinen Wesen, während du es an dich drückst: »Danke, dass du mich liebst und für mich sorgst. Es tut mir so leid, dass ich dich all die Jahre alleine gelassen habe, aber ich wusste es nicht besser. Jetzt WEISS ich es besser und ich werde dich nie mehr alleine lassen oder dich verleugnen. Nun bleiben wir zusammen. Jetzt sind wir ZUHAUSE. Ich danke dir. Ich liebe dich.«

Und dann hältst du dieses kleine Ich fest, atmest, bedankst dich bei ihm und sagst ihm, dass du es liebst und dann SEI einfach nur. Einfach nur SEIN, du musst nichts weiter tun.

Während du das so machst, nimmt dein göttliches Selbst in einem Wirbel die Energie der Angst in sich auf. Die Angst hat sich nun in LIEBE transformiert.

Hier nun die vier Schritte zur Transformation:
   1. Halte inne und atme
   2. Stell dir dein inneres Kind vor

3. Halte es fest an dein Herz gedrückt

4. Sag »Ich danke Dir« und »Ich liebe Dich«

Wir hören, wie ihr manchmal sagt: »Ach, das ist ja nur eine Vorstellung!« Mag sein, doch wir möchten euch nachdrücklich darauf hinweisen, dass die Vorstellungskraft ein erstaunlich effektives Werkzeug der Seele ist. Wenn ihr euch etwas vorstellen könnt, dann existiert es auch. Nicht unbedingt in der dritten Dimension der Realität, aber es existiert. Du kannst auch deine Vorstellungskraft dazu einsetzen, dir einen »Raum« zu kreieren. Dieser Raum bietet dir viele Möglichkeiten und ist von großem Nutzen. Wie eben auch das Transformieren der Angst in Liebe. Darüber wollen wir später noch ausführlicher reden.

Urteilen

Die ultimative Transformation findet dann statt, wenn du dich so wie du bist, von ganzem Herzen liebst. Wenn du aus tiefstem Herzen heraus weißt, dass du ein Gedanke des Schöpfergeistes bist, ein Spiegelbild des ALLES WAS IST, perfekt und ewig. Das, was euch gefangen hält, sind die negativen Urteile, die ihr über euch selbst fällt. Wir sagten schon öfter, dass kein Gott euch je so hart verurteilen würde, wie ihr das selber tut.

Wir hören eure inneren Dialoge. Wir hören, wie ihr jene Dinge an euch verurteilt, von denen ihr glaubt, dass niemand davon weiß. Wir erinnern euch ungern daran, ihr Lieben. Nichts liegt im Versteckten! Wir wissen, wie ihr in euren Leben schlecht gemacht wurdet und dadurch in euch ein Programm von Schuld und Selbstbeschuldigung errichtet wurde. Wir hören, dass ihr glaubt, nicht schlau genug, nicht schön genug, nicht erfolgreich genug, nicht jung genug, nicht reich genug zu sein.

Ihr erkennt vielleicht, dass es hier immer um Mängel geht und Mängel rufen Ängste hervor: Angst, unzureichend zu sein. Oft ist es einfach zu schmerzvoll für euch, in euch die Bereiche anzuschauen, wo ihr glaubt ungenügend zu sein. Es ist viel einfacher, dieses Urteil (diese Angst) nach außen, auf andere Menschen und Dinge zu projizieren.

Wenn du dich also das nächste Mal dabei ertappst, wie du jemanden abwertest, halte einfach inne und frage dich, wovor du Angst hast, denn wir können dir versprechen, dass da etwas in dir ist, das es anzuschauen lohnt, eine Angelegenheit, die deine Aufmerksamkeit erfordert.

Verwechsle negatives Urteilen nicht mit Unterscheidungsfähigkeit. Negatives Urteilen macht etwas schlecht. Unterscheidungsfähigkeit sagt: »Ich respektiere dein Recht zu sein, wer du sein möchtest, aber meine Wahl ist es nicht.« An dieser Stelle möchten wir anmerken, dass es angebracht ist, die Schwachen zu verteidigen und die, die nicht für sich selbst sorgen können. Hört auf euer Herz. Das gilt für jede Situation.

Vergesst nicht, es gibt kein »Jüngstes Gericht«. Das Universum unterstützt euch und »Was ihr sät, das werdet ihr ernten«. Ihr braucht keinen Gott, der euch verurteilt und bestraft. Ihr tut das selbst ganz gut.

Je mehr du von diesen Ängsten und Glaubensvorstellungen erkennen kannst, die dich beherrschen und dich davon abhalten, zufrieden und glücklich zu sein, umso mehr wird dein Mitgefühl wachsen. Unglaublich, aber wahr: Jede Person, der du begegnest, hat genau dieselben Ängste wie du. Alle halten sie ein inneres Kind mit gebrochenem Herzen versteckt. Einige überspielen es einfach geschickter. Wenn du bei Menschen abstoßendes und unmenschliches Verhalten beobachtest, dann übersieh das Verhalten und die

Unmenschlichkeit. Denk lieber einen Moment darüber nach, was es verursacht haben mag.

Liebe ist eure Wahrheit. Alles andere, auch eure Urteile, ist ein Ausdruck der Angst, ungenügend zu sein.

FÜLLE

Ihr seid eine Ausdrucksform des einheitlichen Feldes des Bewusstseins. Dieses Feld ist ein »Ort« endloser Möglichkeiten und uneingeschränkter Kreativität. Diesem Feld sind Mängel unbekannt.

Liebe ist die ultimative Fülle. Angst ist der ultimative Mangel. Ihr Menschen kommt aus diesem übervollen, einheitlichen Feld hervor. Ihr seid verblüffend kreative Wesen und habt die Fähigkeiten, mehr Liebe, Freude, Glück, Lachen und Zufriedenheit zu erschaffen, als ihr euch das zurzeit vorstellen könnt. Das nennt man Fülle. Ihr SEID diese Fülle, das ist eure Wahrheit.

Ihr könnt nicht hingehen und Fülle ansammeln. Es ist etwas, das ihr seid oder das ihr eben nicht seid. Solltet ihr es nicht sein, müsst ihr eure Glaubensvorstellungen und Gefühle anschauen, die euch von dieser Wahrheit abhalten.

Abgesehen davon, dass ihr lernt, diese einschränkenden Glaubensvorstellungen zu erkennen, würden wir euch empfehlen, dass ihr im Alltag darauf achtet, wie oft ihr Mängel untermauert, die ihr festgestellt habt. Schaut euch an, wie oft die Vorstellung von Mangel euer Leben einschränkt. Wie oft hast du schon gesagt: »Ich würde liebend gerne dies oder jenes tun, aber ich kann leider nicht, weil mir das Geld dazu fehlt.« In dem Moment, wo du es aussprichst, ist es deine »Wahrheit« und das Universum wird sie unterstützen.

Das nächste Mal, wenn du einen Wunsch formulierst, erinnere dich daran, welch machtvolles, kreatives Wesen du bist, und dass du die Fähigkeit hast, alles zu erschaffen, was du willst. So schränkst Du dich nicht ein. Meistens ist es egal, wie du zum Gewünschten kommst. Es genügt, es zu wollen. Du wirst dann eine Situation oder eine Gelegenheit hervorrufen, die dir deinen Herzenswunsch erfüllt, ohne dass dir bewusst ist, was genau du getan hast.

Das Universum unterstützt das, worauf du deine Aufmerksamkeit richtest, worauf du dich konzentrierst. Wenn du dich auf das »Nicht-Haben« konzentrierst, wirst du zu einem Resonanzkörper für Mängel. Das Universum präsentiert dir dann immer wieder Situationen, die dir aufzeigen, was du glaubst.

Wir sagten, dass es darum geht, Überfluss zu »SEIN«. Wie also wirst du zum Resonanzkörper für Überfluss?

Es gilt wieder Acht zu geben! Schau dich um. Beobachtest du nicht jeden Tag Überfluss in der Natur in ihrer unbändigen Schönheit? Lebst du nicht im Überfluss, hast gutes Essen, ein komfortables Bett und wenn nötig warme Kleider. Gibt es nicht Menschen, die du liebst, Freunde und Kollegen, denen du wichtig bist? Kannst du nicht wunderschöne Musik und die Vögel singen hören und spürst du nicht die Wärme der Sonne auf deinem Gesicht?

Alles das ist im Überfluss vorhanden. Wenn du dich für diesen Überfluss bedankst, es auch meinst, wenn du dich bedankst und die Dankbarkeit wirklich spürst, weitet sich dein Herz und wird von Freude erfüllt. Es schwingt in der Frequenz der Fülle. Du BIST Fülle.

Diese Frequenz vereint sich mit dem einheitlichen Feld des Bewusstseins, von wo du vollumfängliche Unterstützung erhältst und zusammen erschafft ihr, was in Übereinstimmung mit dieser Frequenz ist: Mehr Fülle.

Lasst uns einmal das Ideengebilde anschauen, das ihr Geld nennt. Viele mögen sagen, dass Geld nichts »Spirituelles« ist. Tatsächlich ist für viele unter euch Geld im Zusammenhang mit Spiritualität ein Thema. Manche vermeiden es wenn möglich, das Wort »Geld« in den Mund zu nehmen und ersetzen es mit »Fülle«. Als ob Geld ein schmutziges Wort wäre (Und dann wundert ihr euch, wenn ihr kein Geld habt!). Wir möchten anmerken, dass es nichts gibt, das nicht spirituell wäre. Geld ist eine wunderbare Sache, um »Fülle« zu beschreiben, weil man es messen kann. Man hat es oder man hat es nicht.

Wenn du einer von denen bist, der sich beklagt, weil nie genug Geld da ist, dann schau dir die negativen Glaubensvorstellungen an, die du rund ums Geld hast. Viele dieser Vorstellungen sind dir seit deiner Kindheit bekannt.

Geld ist die Wurzel alles Bösen.
Nie hat man genug Geld.
Du musst für Dein Geld hart arbeiten.

Nie hat man's, wenn man's braucht.
Geld wächst nicht auf Bäumen.
Die Reichen sind die Bösen.
Die Reichen werden immer reicher und
die Armen immer ärmer.
Von uns hatte noch nie jemand Geld.
»Spirituellen« Leuten ist Geld nicht wichtig.
Ich bin nicht gut genug, um viel zu verdienen.
Ich habe es nicht verdient.

Ganz gewiss wird keine dieser Glaubensvorstellungen den Geldfluss in deine Richtung erhöhen. Mach Notizen, wie oft du solche Mangelvorstellungen an einem Tag bekräftigst.

Es ist auch so, dass ihr glaubt, Geld sei etwas außerhalb von euch. Aber was ist es denn genau? Geld ist ein Ideenkonstrukt. Es ist ein Symbol für Energie. Die meiste Zeit haltet ihr nicht einmal mehr richtiges Geld in Händen. Es sind nur Zahlen auf einem Computerbildschirm. Geld ist also einfach Energie. Und was seid ihr? Energie. Energie ist Energie. Was steht denn nun zwischen euch und dem Geld? Es sind eure Glaubensvorstellungen und die damit verbundenen Gefühle. IHR selbst SEID es.

Hast du erst einmal die Glaubensvorstellungen erkannt, die dich in einem Mangelzustand festhalten, dann achte, sobald sie hochkommen, auf die Gedanken, die diese Glaubensvorstellungen produzieren. Alte Gewohnheiten und Gedankenmuster müssen verändert werden. Kommt also ein Gedanke hoch, der so klingt wie: »Rechnungen bezahlen ist immer so mühsam«. STOPP!

Sag dir: »Das entspricht nicht mehr meiner Wahrheit. Ich lebe in einem Universum des Überflusses und Geld fließt mir mühelos zu«.

Wenn Du Geld erhältst, egal wie viel, sei es dein Gehalt oder ein Cent, den du vom Boden aufhebst, danke dir selbst: »Immer fließt mir Geld zu, danke, danke, danke.« Wenn Du Rechnungen bezahlen musst, denke: »Ist es nicht wunderbar, dass ich immer genug Geld habe, um meine Rechnungen zu bezahlen.« Und sei dir bewusst, welchen Komfort du dir durch deinen Geldfluss im täglichen Leben leisten kannst.

Vergiss nicht, Geld ist Energie und Energie muss fließen. Du bist ebenfalls Energie, die fließen muss, kreativ und positiv. Mögen sich deine und die Energie des Geldes verbinden und fantastische Dinge erschaffen. Vergiss nicht, dass du eigentlich ein Konto auf der »Universellen Bank der Ewigen Fülle« hast. Das ist ein tolles Spiel!

Eine weitere wichtige Komponente zum Erreichen von Fülle und Überfluss ist die der Dankbarkeit und des Danksagens. Man könnte sagen, dass Dankbarkeit und Danksagungen eine Art Kanal zur Seelenenergie und somit zum dem einheitlichen Feld öffnen. Es ist, als würdest du eine Schleuse öffnen und so den Fluss zum Fliessen bringen.

Wenn du den Tag mit Danksagungen und einem Gefühl der Dankbarkeit beginnst, zeigst du die Absicht, den Tag in dieser bestimmten Schwingung zu verbringen. Indem du mit deiner Dankbarkeit dein Herz für den wundervollen Überfluss öffnest, kann es mehr von dieser Schwingung aufnehmen.

Wir haben für dich ein kleines Lied der Dankbarkeit. Du kannst es jeden Tag singen oder dein eigenes erfinden.

Danke für die Liebe, die mich umgibt
Danke für die Liebe, die ich bin
Für die Liebe in meinem Leben,
für das Wunder, das ich bin
Danke für die grenzenlose Fülle,
die ich bin

Danke, Danke, Danke!
Danke, Danke, dass ICH BIN.

Danke für das Staunen und die Größe in mir
Danke für das Geschenk des Lebens
und für den perfekten Körper,
der nur die Wahrheit kennt
Danke für die Schönheit,
für das Lachen und das Spiel

Danke, Danke, Danke!
Danke, Danke, dass ICH BIN.

Und die Fülle, die ich gespiegelt sehe

überall, überall, überall
Danke für die Reichtümer und
Danke für das Geld,
das zu mir und durch mich strömt
Danke für die Leidenschaft am Leben
Danke für meine Göttlichkeit
Danke für das Privileg zu dienen
und zu teilen
Danke für die Liebe,
mit der alle Wunden heilen

Danke, Danke, Danke!
Danke, Danke, dass ICH BIN.

Wir versprechen euch, wenn ihr dieses Lied jeden Tag und aus vollem Herzen singt, wird sich euer Leben verändern. (Macht dazu eure eigene Melodie.) Tut es, während ihr badet oder euer Körper unter einem warmen, herrlichen Wasserstrahl steht. Die kristalline Struktur des Wassers wirkt wie ein Verstärker. Du kannst diese Worte aufsagen, wann und wo du magst, Hauptsache dein Herz ist beteiligt.

Das bedeutet es, Überfluss zu SEIN.

Die Leute fragen uns: »Wem danken wir da?« Ihr bedankt euch bei eurem Höheren Selbst, dem Universum, der Göttin oder Gott oder allem was existiert, dass ihr Teil dieser erstaunlichen Schöpfung Leben seid.

Beziehungen

Beziehungen sind ein wundervolles Spiel. Welch wunderbarer Spiegel, der euch zurückspiegelt, wer ihr zu sein glaubt. Alle eure Beziehungen beginnen mit der Beziehung zu euch selbst. Mit Beziehungen meinen wir alle eure Interaktionen mit andern Menschen, nicht nur die, mit denen ihr euch intim verbunden fühlt. Natürlich ist es auch wichtig, die Vorstellung von Intimität zu beleuchten, die oft in Ehen, Partnerschaften oder gar Freundschaften nicht vorhanden ist.

Viele unter euch haben wunderbare Beziehungen erschaffen und herausgefunden, was für sie funktioniert. Wenn eine Beziehung auf der Grundlage von Ganzheit und Souveränität aufgebaut ist, ist das eine ganz andere Beziehung als eine, die auf Minderwertigkeitsgefühlen aufgebaut ist.

Wenn du von der Idee beherrscht wirst, dass du keine Liebe, Achtung und Respekt verdient hast, wirst du dir eine Beziehung erschaffen, die dir diese »Wahrheit« zurückspiegelt. Wenn du glaubst, dass Ehen und Partnerschaften nicht halten können, kannst du nicht erwarten, dass es anders kommt. Einige unter euch erschaffen sich immer wiederkehrende Geschichten von Betrug und Gewalt. Etwas, das ihr vielleicht in eurer Kindheit erlebt habt, wird zur Wahrheit eurer späteren Beziehungen.

Manche unter euch suchen jemanden, der ihnen verschafft, was ihnen fehlt. Sei es Geld, eine gesellschaftliche Position, jemand, der für sie sorgt oder jemand, der einen guten Elternteil abgibt, usw. Oder es ist einfach jemand, der die Leere in ihnen ausfüllt. Das hat alles seine Berechtigung. Doch es wäre nützlich, wenn ihr es erkennt. Wenn deine Partnerschaft, deine Ehe oder deine Freundschaft nicht so aussieht, wie du sie dir wünschst, dann musst du nach innen schauen, dich selber genauer unter die Lupe nehmen und schauen, welche Glaubenssätze und Ängste deiner Aufmerksamkeit bedürfen.

Einige unter euch haben das Gefühl, sie müssten etwas Bestimmtes darstellen, dem Ideal des Partners oder den eigenen Vorstellungen einer »tollen Frau« oder eines »tollen Mannes« gerecht werden. Das mag eine gewisse Zeit funktionieren. Wenn ihr aber nicht wirklich ihr selbst seid, wird die Rolle zur leeren Hülle.

Ehrlichkeit und Verletzlichkeit sind die Schlüssel zu Intimität und einer soliden Beziehung. Ihr solltet frei sagen können, wie ihr euch fühlt und offen und ehrlich darüber reden, was ihr voneinander und von der Beziehung erwartet. So könnt ihr voneinander lernen und faire Kompromisse schließen. Damit anzufangen, ist nie zu spät.

Einige von euch fürchten sich, absolut ehrlich und sie selbst zu sein, denn das würde bedeuten, sich verletzlich zu zeigen. Wo doch Verletzlichkeit eigentlich eine eurer größten Stärken ist. Wenn du offen und verletzlich sein kannst, fühlt sich dein Partner sicherer, ebenso zu sein.

Unausgesprochene Erwartungen, Manipulationen oder Kontrolle gehören nicht in eine Beziehung. Wir sehen, wie Menschen glauben, sie müssten »im Geheimen« manipulieren, um zu bekommen, was sie möchten. Oder sie arbeiten in ihren ungleichen Beziehungen mit emotionaler Erpressung oder passiver Aggression.

Wir haben mit Menschen geredet, die den »spirituellen Weg« entdeckt haben und in ihren Ehen oder Partnerschaften sehr unglücklich sind, weil ihr Partner sich dafür nicht interessiert oder solchen Ideen gar skeptisch gegenüber steht. Seht, ihr müsst nicht zu allem die gleiche Meinung haben. Wo Liebe die Basis der Beziehung ist, ist Raum für Veränderung und Wachstum. Viele von euch haben allerdings ein starkes Interesse daran, dass alles gleich bleibt. Einige tun fast alles, um den Status Quo zu erhalten. Wenn dann einer von beiden die Regeln verändert, scheitert oft auch die Beziehung. Einige unter euch bleiben in einer ungleichen oder unglücklichen Situation stecken, weil sie Angst vor dem Alleinsein, dem finanziellen Verlust oder dem Verlust ihrer gesellschaftlichen Position haben. Das hat seine Berechtigung. Doch wenn sie sich mit der zugrundeliegenden Verlustangst auseinandersetzen würden, würden sie feststellen, dass sich dadurch die Beziehung verändert hat oder dass keine Angst mehr da ist, die sie vom Weiterziehen abhält, was ebenso eine gute Lösung sein kann.

Die Vorstellung, dass Menschen in einer Beziehung ausharren müssen, die sich auseinander gelebt hat, ist eher seltsam. Die Gesellschaft und die Religionen haben solche Vorstellungen benutzt, um euch zu kontrollieren. Einige von euch lassen sich immer noch von den Vorstellungen anderer kontrollieren. Vergesst nicht: Was andere denken mögen, muss euch nicht kümmern. Jeder guckt durch seine eigene Linse, gefärbt mit seinen eigenen Glaubensvorstellungen und Urteilen.

Ihr entwickelt euch nicht alle gleichzeitig. Es kann sein, dass ihr über die Jahre in verschiedenen Beziehungen lebt, da ihr euch ja auch in verschiedene Richtungen entwickelt.

Ein gutes, wenngleich ein extremes Beispiel: Nehmen wir den hypothetischen Fall einer missbräuchlichen, vielleicht gar gewalttätigen Beziehung. In einer missbräuchlichen Beziehung besteht eine tiefe, unausgesprochene Übereinkunft zwischen dem »Täter« und dem »Opfer«. Wir haben erklärt, wie ihr miteinander co-kreiert und das ist ein Beispiel.

Der »Täter«, in seiner Angst machtlos und ungenügend zu sein, drückt diese Angst mit Gewalt und Aggression aus. So eine Person wird sich jemanden co-kreieren, der die Rolle des »Opfers« übernimmt. Das »Opfer«, in seiner Angst machtlos und wertlos zu sein, mit einer Glaubensvorstellung, dass Liebe Schmerz bedeutet, wird sich einen Partner co-kreieren, der ihm diese Wahrheit bestätigt.

Dann sagt das Opfer plötzlich »NEIN! Ich bin mehr wert, ich toleriere solches Verhalten nicht mehr« und schon haben sich die Regeln verändert und die Beziehung kann nicht weiter bestehen. Das »Opfer« wird eigenständig und zieht weiter, um sich ein anderes Leben zu erschaffen, das den neuen Vorstellungen und Ideen entspricht, die es jetzt von sich hat. Der »Täter«, sollte sein Seinszustand unverändert bleiben, wird sich für dieses Spiel ein neues Opfer co-kreieren.

Je mehr du erkennst, wer du in Wirklichkeit bist, umso mehr wirst du Entscheidungen und Wahlen treffen, die diese Erkenntnis widerspiegeln. Wir wünschen uns für euch, dass ihr zunehmend tiefere und liebevollere Beziehungen zu allen Menschen führt.

Liebe hat mit Besitz nichts zu tun. Liebe hat mit Pflicht, Müssen und Sollen nichts zu tun. Liebe hat mit gesellschaftlicher Moral nichts zu tun. Bei der Liebe geht es ums Herz. Liebe ist heil und vollständig und genügt sich selbst. Liebe ist nur ein anderer Name für Göttin/Gott, ALLES WAS IST. Liebe ist, was ihr letztendlich seid.

DIE MATERIELLE WELT

Du hast dich selbst in einem Körper erschaffen. Diesen ganz bestimmten Körper hast du dir ausgesucht. Das ist nicht einfach so geschehen. Ohne deinen Körper wäre dir diese menschliche Erfahrung nicht möglich. Du hast deinen Körper auf die gleiche Weise ausgewählt, wie dein genetisches Erbe oder deine Rasse.

Durch den Körper kannst du die materielle Welt erleben, Schönheit sehen, Musik hören, dich an verschiedenstem feinem Essen erfreuen, an der Rose riechen und deine/n Geliebte/n berühren. Welch sinnliche Vergnügen!

Dein Körper gehört zur Erde. Jeder Teil davon ist Teil der Erde. Wenn du stirbst und dein Bewusstsein weiterzieht, kehrt der Körper zur Erde zurück, wo er hingehört, ob das nun als Asche oder in einem langsameren Prozess durch einen zellulären Abbau geschieht. Es ist ein einziger Kreislauf. Alles dient Allem zur Erneuerung.

Während das Bewusstsein mit dem Körper verbunden ist, widerspiegelt es sich im Körper. Sind die mentalen und emotionalen Körper gesund und ausgeglichen, wird der materielle Körper das ebenso widerspiegeln. Wir reden hier nicht über jene, die mit einem körperlichen »Gebrechen« geboren wurden oder wo eine genetische Neigung zu Fehlfunktion besteht.

Denn das wurde für eine bestimmte Lebenserfahrung so ausgesucht.

Wir sagten, dass alles in der materiellen Welt ein Spiegelbild der feinstofflichen Welt ist. Wenn ein mentales oder emotionales Unwohlsein besteht, wird es sich früher oder später auf irgendeine Weise im physischen Körper manifestieren. Es kann eine Herausforderung sein, die jeweilige Verbindung zu finden.

Die linke Seite des Körpers und die rechte Seite des Gehirns repräsentieren das weibliche Prinzip, innere (vielleicht versteckte) Prozesse, Imagination und Kreativität. Die rechte Seite des Körpers und die linke Gehirnhälfte repräsentieren das männliche Prinzip, das nach außen gerichtete Leben (vielleicht ein Vorwärtsstreben), Logik und Ordnung.

Wenn sich nun eine Krankheit nur auf einer Körperhälfte manifestiert, dann denke über das jeweilige Prinzip und was es für dein Leben bedeutet, nach.

Jeder Körperteil erfüllt eine Funktion und einen Zweck, und die jeweiligen Probleme lassen sich auf die feinstofflichen, mentalen oder emotionalen Bereiche übertragen.

So können zum Beispiel die Beine für Mobilität und Vorwärtskommen stehen. Probleme mit den Beinen können bedeuten, dass du Angst hast, weiterzugehen, Dinge weiterzuführen, dass du glaubst, festzustecken.

Knie repräsentieren nicht nur Mobilität, sonder auch die Fähigkeit, sich wenn nötig zu beugen. Bist du nicht flexibel genug?

Das Rückgrat ist deine Stütze. Hast du vergessen, dass das Universum dich vollumfänglich unterstützt? Das Blut oder das Kreislaufsystem steht für das Fliessen oder das Leben überhaupt. Die Haut steht zwischen dir und dem Rest der Welt. Wie sicher fühlst du dich in deiner Haut? Auch »hält sie alles zusammen«. Wie gut bist du beieinander?

Du musst das nicht allzu eng sehen. Es geht nicht darum, etwas richtig zu machen. Was dir auch immer in den Sinn kommen mag, kann ein Auslöser sein, dich besser zu verstehen. Sehr oft auch weist der Körper auf tief verinnerlichte Glaubensvorstellungen hin oder gar auf einen Konflikt zwischen einem traumatischen Erlebnis in der Kindheit und dem erwachsenen, logischen Verstand.

Dein Körper ist wirklich ein Wunderwerk. Wie komplex seine Orchestration synchronisiert ist, löst Ehrfurcht aus. Wusstest Du, dass jede Zelle in deinem Körper ein Fraktal eures Universums ist? Du kannst in eine Zelle reisen und die Geburt eines Mondes beobachten.

Es erstaunt uns, wie viele von euch schlecht über ihre Körper denken. In eurer Gesellschaft herrschen ganz bestimmte Vorstellungen bezüglich Schönheit vor. Und so beeilen sich alle, diesen Vorstellungen gerecht zu werden. Oder sie verurteilen jene, die diesem Ideal nicht entsprechen. Kann auch sein, dass sie sich selbst verurteilen, weil sie nicht schön genug, zu dünn, zu fett oder zu alt sind. Jeder einzelne von euch strahlt seine eigene göttliche Schönheit aus. Wir würden uns sehr freuen, wenn ihr eure Körper viel mehr feiern würdet. Tanzt öfter. Spürt mehr nach, wie sich euer Körper anfühlt. Es wäre zu eurem Vorteil, wenn ihr mit eurem Körper eine enge Liebesbeziehung hättet. Beginnt, ihm zuzuhören. Seid achtsam. Euer Körper hört jedes einzelne eurer Worte, hört jeden Gedanken und fühlt jede Emotion. Warum sollte euch euer Körper gut dienen, wenn ihr ihn nicht liebt, euch bei ihm nicht bedankt und ihn nicht vernünftig und mit Rücksicht behandelt!

Wir stellen fest, dass viele, die sich auf einem spirituellen Weg befinden, glauben, der Körper sei unwichtig (das ist auch in vielen Religionen so). Sie verbreiten die Vorstellung, dass man ihm nicht allzu viel Aufmerksamkeit schenken sollte. Manche unterdrücken ihre körperlichen Bedürfnisse, denn durch sie könnten sie in die Irre geführt und vom Weg zu Gott abgebracht werden. Wieder andere wollen ganz schnell erleuchtet werden und das verdammte Ding los sein!

Hättet ihr rund um das Thema Sexualität nicht so viele Probleme, würdet ihr eure Körper vielleicht anders betrachten. Ihr habt euch hierher begeben, um wirklich HIER zu SEIN, nicht irgendwo anders. Ihr seid hier, um in euren Körpern Glück und Erfüllung zu finden. Dank ihm erkennt ihr die Wunder in eurer Umgebung und seht eure eigene Liebe und Göttlichkeit zurückgespiegelt. Dank ihm habt ihr diese intensive, lebendige Erfahrung, die ihr nur in einem Körper haben könnt.

SEXUALITÄT

Ihr seid vom Moment eurer Geburt an bis zu eurem Tod sexuelle Wesen, auch dann, wenn ihr wegen des einen oder anderen Grundes sexuell nicht aktiv seid. Eure Sexualität ist ein fester Bestandteil von euch. Wie auch immer ihr sie ausdrückt ist in Ordnung.

Wegen eures gesellschaftlichen, kollektiven Bewusstseins glaubt ihr fast alle, dass Sexualität im Außen, von euch getrennt stattfindet. Es ist wichtig zu erkennen, dass eure Gedanken und Gefühle, wie alles andere in euren Leben, auch eure Sexualität beeinflussen.

Fühlst du dich ausgeglichen und hast gelernt, mit deinen einengenden Ängsten und Glaubensvorstellungen umzugehen, wird sich das, wie in allen anderen Bereichen deines Lebens, auch in deinem Sexualleben widerspiegeln.

Ihr werdet in eurer Gesellschaft nicht wirklich über Sexualität aufgeklärt. Ihr mögt die körperlichen Tatsachen kennen, die vollständige Bedeutung der Sexualität entzieht sich jedoch oft eurem Verständnis. Viele verbinden mit Sexualität ein Gefühl der Scham. Einigen wurde beigebracht, dass Sex etwas »Schmutziges« sei und eure Körper unsauber seien. Oder es sei eure »Pflicht«, Sex zu haben, es spiele keine Rolle, ob ihr dabei Vergnügen empfindet. In vergangenen Zeiten war es normal, dass Männer beim Sex Spaß haben durften, Frauen aber nicht. Man mag in der heutigen Zeit über solche Vorstellungen lachen, aber als Gesellschaft werdet ihr davon immer noch beeinflusst.

Eure Gesellschaft geht auch ambivalent mit der erwachenden Sexualität der Kinder um. Es wird kaum gefeiert, wenn ein Mädchen in seine Mondphasen kommt. Es wird eher als eine Art Last betrachtet. Man nennt es den »Fluch« oder ähnliches. Es wäre eine wundervolle Sache, wenn dieses Ereignis als ein Ereignis der »Göttin« gefeiert würde. Wenn man das Mädchen in der Frauenwelt willkommen heißen würde und es auf unbeschwerte und direkte Weise über die Freuden und die Verantwortung seiner erwachten Sexualität aufklären würde.

Wie wir sehen, gibt es auch für eure jungen Männer keine Feier. Ihnen fehlt es ebenfalls an jeglicher Anleitung. Nicht nur zu ihrer Sexualität. Es wird auch kaum offen darüber diskutiert, was es bedeutet, ein »Mann« zu sein. Man lehrt sie nicht, was »Ehre« bedeutet, oder was es heißt ein »Beschützer« zu sein. Eine wichtige Rolle im Leben eines Mannes ist es, die Familie zu beschützen, sie und die Erde und alles was auf und in ihr wächst zu bewachen.

Die meisten Religionen üben einen großen Einfluss auf eure Vorstellungen bezüglich der Sexualität aus. Ein großartiges Instrument, um euch zu kontrollieren. »Ihr dürft es nur so oder so tun, auf andere Art ist es eine Sünde« oder »unter diesen Umständen oder in einem solchen Zustand dürft ihr keinen Sex haben«.

Eure Sexualität wurde nicht nur zur Fortpflanzung gedacht. Ganz und gar nicht. Sie ist nicht nur eine großartige Möglichkeit, um eurer Liebe Ausdruck zu verleihen, sondern darüber hinaus ein Spiel voller Genuss und Spaß. Es kann erhebend sein, seine ganze Liebe in die sexuelle Leidenschaft einfließen zu lassen.

Auch mit der Homosexualität ist immer noch viel Scham verbunden, sowohl bei den Männern als auch bei den Frauen. Der Mensch wurde tatsächlich als bisexuelles Wesen erdacht. Unabhängig vom Geschlecht: Liebe ist Liebe, wo auch immer sie euch begegnet. Und manchmal begegnet einem die Liebe an Orten, wo man sie nie erwartet hätte. Es ist überhaupt nichts falsch an Homosexualität. Wenn es in der Sexualität irgendwelche Regeln gäbe (die es nicht gibt), wären es folgende: In der Sexualität, wie auch in jeder anderen Interaktion untereinander, solltet ihr einander mit Achtung, Respekt und Freundlichkeit begegnen. Es sollte in der sexuellen Beziehung, wie in jeder anderen auch, eine Art Gleichberechtigung herrschen. Ehrlichkeit ist ebenfalls wichtig. Es sollte jede/r seine Wünsche und Vorlieben einbringen können und es gilt wie überall sonst auch: Je mehr ihr von euch preiszugeben bereit seid, umso erfüllender wird die Erfahrung.

Natürlich kommt es auch vor, dass ihr nichts von alledem wollt. Ihr wollt einfach nur puren Sex. Das ist auch in Ordnung. Ihr könnt euch am Buffet bedienen oder ihr geht nur auf einen Imbiss. Die Spielregeln bleiben die gleichen, wie in allen anderen Situationen, in denen ihr miteinander zu tun habt. Achte jede Person als souveränes Wesen und wisse, dass sie dein Spiegelbild ist. Egal welche Spiele ihr spielt, seien es sexuelle oder andere Spiele, es zählt vor allem, wie es in euren Herzen aussieht.

TOD

Ihr seid unsterblich. Der Tod ist nicht das Ende von allem. Es ist nur ein Übergang. Euer materieller Körper kehrt zur Erde zurück, wo er hingehört. Euer Bewusstsein kehrt ins einheitliche Feld des Bewusstseins zurück, das es in gewisser Weise nie verlassen hat, obwohl es euch so erscheint.

Der Tod ist etwas so Natürliches wie die Geburt. Beschreiben zu wollen, was danach geschieht, ist, als wolle man dem Fötus in Mutterleib beschreiben, wie das Leben nach der Geburt aussehen wird. Es kann im Rahmen eures Bewusstseins in dieser Realität nicht erklärt werden.

Viele von euch haben nicht so sehr Angst vor dem Tod, als davor, wie sie sterben müssen. Vergesst nicht, ihr erschafft euch eure Wirklichkeit selbst. Tief innen wählt ihr euch das Wie, das Wann und die Umstände eures Todes aus. Wenn ihr euch auf euer wahres Ich »einzustimmen« lernt und eure wahren Fähigkeiten erkennt, werdet ihr euer Sterben so bestimmen, wie ihr es wünscht. Wisst, dass die meisten von euch an gebrochenen Herzen sterben. Wir sagten bereits, dass der Körper Krankheiten zum Ausdruck bringen wird, wenn das Unwohlsein im Mental- und Emotionalkörper nicht geheilt wird. Wenn ihr eure verwundeten Herzen heilt, mehr Ausgeglichenheit, Freude und Liebe in euer Leben bringt, werdet ihr bewusst wählen können, wann und wo ihr von eurem physischen Leben Abschied nehmen wollt.

Zum Zeitpunkt eurer Geburt habt ihr einen »Spielplan« für dieses Leben bereits ausgewählt. Ihr habt für dieses Spiel eine gewisse Zeitspanne ausgesucht, die jedoch nicht zwingend festgelegt ist. Sie kann den jeweiligen Möglichkeiten und Wahrscheinlichkeiten angepasst werden. Einige unter Euch möchten absichtlich nur für eine sehr kurze Lebensspanne herkommen. Andere wollen sogar nur den Geburtsprozess erleben. Und wieder andere wollen nur die Kindheit in einer ganz bestimmten Zeit erleben.

In jedem Fall ist es eine souveräne Wahl. Manchmal erschafft ihr euch Gelegenheiten, wo ihr mit einer Gruppe hinüberwechseln wollt, wie im Falle einer »Naturkatastrophe« oder einem »Flugzeugabsturz« oder sonst einem Massen-Anlass.

Wenn du dich mitten in einer tiefen Trauer befindest, ist es hilfreich, wenn du dich daran erinnerst, dass jeder von euch, ganz gleich wie die Umstände aussehen mögen, aus tiefster Seele die freie Wahl hat, »Heim zu kehren«. Dieser Wahl wohnt eine »Richtigkeit« inne. Aber manchmal ist es schwierig zu erkennen, dass alles immer perfekt ist.

Natürlich trauert ihr vor allem deshalb, weil ihr von einem geliebten Wesen getrennt wurdet. Vergesst nicht, Liebe kann nicht getrennt werden. Nichts ist wirklich getrennt. Wenn du möchtest, kannst du dich mit dem Wesen, das gegangen ist, verbinden. Das ist möglich. Jeder empfindet diese Verbindung anders. Für die einen ist es ein »Gefühl«, andere »hören« oder »sehen« etwas. In jedem Fall ist es eine Bestätigung, dass ihr nicht wirklich voneinander getrennt seid. Nichts geht je »verloren«.

Auf universeller Ebene wird Selbstmord nicht verurteilt. Man könnte Selbstmord als einen unvollendeten Zyklus betrachten. Doch da sind ja noch die gleichzeitigen, anderen Leben, wo anders entschieden wird, und die betreffenden Erfahrungen können dort gemacht werden. Solch eine Entscheidung ist genauso gültig, wie jede andere Wahl, die ihr in euren Leben trefft. Obwohl, es gäbe meistens eine harmonischere Wahlmöglichkeit, wenn ihr sie erkennen könntet. Manchmal wird auch in Fällen von schweren, tödlichen Krankheiten eine Selbsttötung oder begleitete Selbsttötung gewählt. Auch das ist eine gültige Wahl. Manchmal seid ihr des Lebens, wie es sich für euch darstellt, einfach müde geworden und möchtet, dass es vorbei ist. Das hat ebenso seine Gültigkeit. Es wird davon ausgegangen, dass ihr immer euer Bestes gegeben habt. Unter welchen Umständen auch immer, welche Wahl ihr auch trefft, ihr geht nach Hause.

Ist mit einem Tod eine »Horrorgeschichte« verbunden, hält euch das Drama oft so gefangen, dass ihr gänzlich vergesst, dass alles eine Co-Kreation ist. Das ist ganz besonders dann der Fall, wenn es einen »Täter« und ein »Opfer« gibt. Damit wollen wir jetzt das Verbrechen des Täters weder entschuldigen noch verzeihen. Es geht nur darum, euch in Erinnerung zu rufen, dass ihr ewige Wesen seid, die dieses Spiel - genannt Leben - spielen. Jede Situation ist ein Geschenk. Das Geschenk ist ein größeres Herz, mehr Verständnis und tieferes Mitgefühl, nicht nur für das Opfer, sondern für alle Beteiligten, die von dem Geschehen betroffen sind. Anzuerkennen, dass jeder eine souveräne Wahl hat, bedeutet nicht, dass man kein Mitgefühl haben kann.

Der Tod ist ein Portal zu neuen Abenteuern. Irgendwie ist es, als würdet ihr euren Körper abstreifen, wie am Ende des Tages eure Kleider. Und so wie ihr sicher seid, dass eure Kleider gewaschen und wieder wie neu werden, wird euer Körper zur Erde zurückkehren, um dort erneuert zu werden. Das ewige Selbst kehrt nach Hause und bereitet sich auf ein neues Abenteuer vor.

TRÄUME

Euer Schlaf ist mehr als nur eine Zeit der körperlichen und geistigen Erneuerung. Im Traum könnt ihr Situationen ausleben, die euch behindern oder verängstigen. Es ist auch ein Ort, der sich sozusagen außerhalb der Zeit befindet, wo euer erweitertes Bewusstsein zu Abenteuern auszieht und Erfahrungen in anderen Dimensionen der Realität macht. Weil ihr mit eurem Höheren Selbst jederzeit verbunden seid, seid ihr nicht an Raum oder Zeit gebunden, sondern frei, eure innewohnende Kreativität gleichzeitig in vielen anderen Dimensionen zu erfahren.

Manchmal liegen die Traumerfahrungen so nahe an eurer Realität im Wachzustand, dass das Hirn einen Zusammenhang zu eurem täglichen Leben herstellen kann. Es kann vorkommen, dass ihr im Traum ein Problem löst oder es wird euch zu einer bestimmten Situation eine andere Haltung oder eine Vorstellung gezeigt, die euch bislang nicht bewusst war.

Zu anderen Gelegenheiten reist ihr weit über eure dreidimensionale Wirklichkeit hinaus. Auf solchen Reisen und Abenteuern kommt ihr sowohl mit Wesen aus dieser menschlichen Realität zusammen, oft aber trefft ihr euch dort auch mit geliebten Wesen aus anderen Ebenen, stofflichen oder feinstofflichen Bereichen der Realität. Viele dieser Träume finden außerhalb eures Bewusstseins der dritten Dichte statt. Da, wo ihr euch an Fragmente solcher Träume erinnern könnt, mag euer Kopf eine Geschichte dazu erfinden, die der Erfahrung einen gewissen Sinn verleiht. Manchmal findet ihr diese Geschichten ziemlich bizarr. Sie ergeben einfach keinen Sinn, egal wie ihr sie dreht oder wendet.

Allerdings ist die Interpretation eurer Träume nur so wichtig, wie die Bedeutung, die ihr ihnen verleiht. Der Verstand interpretiert die Traumerlebnisse und damit geht eine emotionale Reaktion einher. Oft ist es die emotionale Reaktion, die von Bedeutung ist und nicht so sehr die Geschichte drum herum, was auch für den Wachzustand gilt. Es ist hilfreich, wenn ihr darauf achtet, wenn auch nur deshalb, um eure Multidimensionalität zu erkennen.

Ihr habt ein »Traumleben«, das auf seine Art ebenso kontinuierlich abläuft, wie es euer Leben im Wachzustand tut. Wenn ihr träumt, erscheint das Leben im Wachzustand als der Traum. Zu anderen Zeiten macht ihr speziell ausgesuchte Reisen oder trefft mit ganz bestimmten Wesen oder Entitäten aus ganz bestimmten Gründen zusammen. Ihr mögt auch in vergangene oder zukünftige Leben reisen, zumal diese Leben alle gleichzeitig stattfinden.

Euer Traumzustand ist ein wundervoll kreativer Ort, wo ihr von der Realität der dritten Dichte und den einengenden Vorstellungen, die ihr im Wachzustand habt, nicht behindert werdet. Manchmal wacht ihr aus einem Traum auf und seid froh, dass eure Träume im Privaten stattfinden, zumal ihr im Traum eine ganz andere Person sein könnt, womöglich eine ganz peinliche. Das mag euch auch aufzeigen, wie häufig ihr euch zurückhaltet und einschränkt, um die Person zu sein, die ihr glaubt, sein zu MÜSSEN.

Manchmal habt ihr luzide Träume. Die Farben, die Klänge und die Emotionen dieser Träume werdet ihr nie vergessen. Sie werden nie ganz verblassen. Diese Träume hat euer Höheres Selbst ausgesucht, um eurem eingeengten Bewusstsein der dritten Dichte aufzuzeigen, wie unbegrenzt, lebendig und erstaunlich ihr in Wirklichkeit seid. Sie sind REAL!

Einige behaupten: »Ich träume nie.« Natürlich tut ihr es, ihr erinnert euch nur nicht daran. Es wäre von Nutzen, wenn ihr lernen würdet, euch zu erinnern. Vor dem Einschlafen, wenn ihr euch in dem tief entspannten Zustand zwischen Wachen und Schlafen befindet, könnt ihr euch programmieren, euch zu erinnern. Ihr mögt sagen: »Aus meinem tiefsten Sein heraus wünsche ich mir heute Nacht, dass ich mich an die Reisen und Abenteuer in anderen Dimensionen erinnern werde. Danke, danke, danke.«

Ihr habt sowohl die Fähigkeit, euch an eure Träume zu erinnern als auch, sie zu beeinflussen. Einige unter euch mögen sich daran erinnern, wie sie in ihrer Kindheit von Albträumen geplagt wurden, die ihre ungelösten Ängste reflektierten. Und sie können sich erinnern, wie sie im Traum die Kraft fanden, die Situation zu verändern, selbst wenn es nur der Gedanke war: »Das ist ja nur ein Traum.« Nun, ihr habt diese

Macht zu verändern, sowohl in Träumen als auch im Wachzustand.

Das Spielzimmer

Wir erwähnten, dass sich der größere »Teil« von euch in feinstofflichen Bereichen befindet. Je mehr du dir dieser »inneren« Realität bewusst wirst und erkennst, wie du deine äußere Wirklichkeit aus diesem inneren Raum heraus erschaffst, umso mehr kannst du dir die Lösungen und Ergebnisse kreieren, die du dir wünschst. Eine der Methoden, die wir an früherer Stelle bereits erwähnten, ist eure Imagination. Imagination besteht aus Gedanken. Gedanken sind Energie und Bewusstsein. Die Vorstellungskraft ist der unbändig kreative Wegbereiter zum Manifestieren.

Was auch immer du dir vorstellen kannst, ist real, selbst wenn es sich nicht auf der materiellen Ebene manifestiert hat. Wir schlagen dir nun vor, du mögest dir einen Raum vorstellen, einen Raum oder mehrere Räume. Diesen Raum oder diese Räume kannst du als kreatives Spielzimmer nutzen. Du kannst darin planen, wie ein Ereignis ausgehen soll, oder Probleme lösen. Was du dort planst, kann sich in deiner äußeren Wirklichkeit manifestieren.

Es ist wichtig, dass du deine Imagination so lebhaft und detailliert wie möglich einsetzt. Je genauer die Details, umso realer sind sie.

Setze oder lege dich bequem hin. Schließe deine Augen. Atme bewusst tief und gleichmäßig ein und aus.

Entspanne deinen Körper, indem du deine Aufmerksamkeit auf jeden einzelnen Körperteil richtest und bewusst jeden Muskel, von der Zehe bis hin zum Kopf entspannst.

Wenn du dich völlig entspannt fühlst, stell dir einen friedlichen Ort in der Natur vor, den wunderschönsten Ort, den du dir erträumen kannst. Alles fühlt sich harmonisch und friedlich an. Sieh und spüre die Szene so echt wie möglich und verweile in diesem Frieden, solange es sich gut anfühlt.

Nun siehst du von dort, wo du bist, einen Weg. Das kann ein Pfad oder eine Treppe sein, wie auch immer du dir diesen Weg vorstellst. Du folgst diesem Weg. Er führt dich zu einem eindrucksvollen, sehr großen Portal. Du siehst vor dir eine geschlossene Tür. Stell dir vor, wie diese Türe im Detail aussieht. Woraus ist sie gefertigt? Wie sieht die Klinke aus? Du schaust dir diese Türe sehr genau an, denn es ist die Tür zu deinem Spielzimmer. Du alleine hast Zugang zu diesem Ort, obwohl du auch ab und zu jemanden zu dir einladen wirst, doch mehr dazu später.

Du trittst ein und schließt die Tür hinter dir. Du befindest dich jetzt in deinem geheimen Raum. In diesem Raum kannst du auf jede erdenkliche Art schöpferisch tätig sein. Du bist hier immer sicher.

Du stehst also bei der Tür und schaust dich um. Das ist dein ganz persönlicher Ort. Wie soll er aussehen? Er kann jede Gestalt annehmen, die du dir vorstellen kannst. Nichts sei dir verwehrt, denn du hast den allerschönsten Raum verdient. Es können die wundervollsten Möbel darin stehen, Kunstwerke, Pflanzen und Blumen. Es könnte eine Kristallhöhle oder ein Marmorpalast sein, ein gemütliches, traditionelles Zimmer oder ein äußerst luxuriöser Raum, ganz wie es dir gefällt. Wichtig ist nur, dass du dich richtig gerne in diesem Raum aufhältst. Mit der Zeit kann dieser Raum »realer« als deine äußere Wirklichkeit werden. Du kannst natürlich den Raum (oder die Räume) auch jederzeit verändern, ganz wie du willst. Gewisse Dinge allerdings wirst du hier benötigen, egal wie du dich sonst einrichten möchtest. Du wirst einen sehr bequemen Stuhl benötigen (du magst sogar zwei davon haben wollen). Du wirst einen Computer oder einen Aktenschrank brauchen (kommt darauf an, welchem von beiden du den Vorzug gibst). Sowohl der Computer als auch der Aktenschrank ermöglichen dir den Zugang zu jeglicher Information. Darin sind sämtliche Informationen über jeden Ort oder jede Zeit enthalten, die dich interessieren könnten. Vielleicht hast du eine Bibliothek, wo du zu jedem möglichen Thema ein Buch findest.

Es gibt da auch einen kristallinen Durchgang oder ein Portal. Durch dieses Portal hast du die Möglichkeit, durch Raum und Zeit zu reisen, ganze Universen zu besuchen, Meere zu erforschen oder ins Innere deines Planeten zu reisen. Du wirst dafür gewisse Glaubensvorstellungen bezüglich der Naturgesetze über Bord werfen müssen. Lasse die jeweilige Erfahrung einfach zu, SEI sie einfach. Wohin du auch reist, du bist immer sicher. Wo du dich auch hinbegibst, du findest immer in deinen Raum zurück. Ein einziger Gedanke genügt.

Jetzt wollen wir dir aufzeigen, wozu du deinen Raum (oder deine Räume) nutzen kannst. Lass uns annehmen, du möchtest dich mit deiner Seele unterhalten. Du möchtest dich mit ihr verbunden fühlen oder vielleicht von ihr eine Botschaft zu deinem Leben und deinem Sein erhalten. Du setzt dich bequem in deinen Stuhl, schaust in die Mitte deines Raumes und erkennst dort eine Lichterscheinung, die wie ein kleiner, rotierender Ball aussieht. Du schaust hin und bemerkst, wie der Ball größer und größer wird und wie er sich mit der Rotation in eine menschliche Form verwandelt. Du stellst fest, dass diese Form genauso aussieht, wie du selbst, nur dass sie aus Licht besteht.

Dieses wunderschöne Wesen ist eine Manifestation deiner Seele. Du stehst auf und gehst auf sie zu. Deine Seele öffnet ihre Arme und legt sie um dich. Nun stellst du deine Frage oder lässt einfach zu, wie sich dir die Weisheit erschließt. Hör einfach zu. Fühle es. Versuch nicht zu hinterfragen oder zu interpretieren, was du wahrnimmst. SEI einfach. Wenn die Zeit reif ist, wird sich dir alles offenbaren. Sei gewiss, dass du alles Notwendige absorbiert hast. Dann schwindet deine Aufmerksamkeit und mit ihr verblasst das Bild deiner Seele.

In einem anderen Szenario magst du Konflikte oder Angelegenheiten mit jemandem bereinigen. Es könnte sich um ein Familienmitglied, deinen Arbeitgeber oder deinen Nachbarn handeln. Es mag sein, dass du rechtliche Angelegenheiten klären möchtest, über deren Ausgang du besorgt bist.

Du gehst dann in deinen Raum und lädst den entsprechenden Protagonisten zu dir ein. Vergiss nicht, niemand darf ohne deine ausdrückliche Erlaubnis deinen Raum betreten. Vielleicht erschaffst du dir für solche Fälle eine Tür, die nur dann sichtbar wird, wenn sie benötigt wird.

Dein Gast kommt nun herein und du lädst sie oder ihn ein, sich zu setzen. Dann äußerst du deine Bedenken im Bezug auf die entsprechende Angelegenheit. Sprich aus dem Herzen und rede offen über deine Ängste. Lege dar, wie du dir wünschst, dass die Angelegenheit sich entwickeln möge.

Dein Gast wird dir dann vielleicht von seinen Ängsten und Sorgen berichten, die dir bislang nicht bewusst waren. Auf diese Weise werdet ihr in gegenseitigem Verständnis zu einer Übereinstimmung gelangen. Dann wird dich dein Gast wieder verlassen.

Nun, da du im Feinstofflichen den wahrscheinlichen Ausgang der Geschichte verändert hast, kann sich die Veränderung in der materiellen Welt manifestieren.

So wird es sein.

DIE MENSCHHEIT

Die Menschheit kommt von den Sternen. Die ersten Wesen von den Sternen, die hierher gekommen sind, fanden eine ganz andere Welt vor, als sie heute aussieht. Das erste »Volk« waren die so genannten »Lemurier«. Diese Wesen waren in ihrer physischen Gestalt viel feinstofflicher und hatten die Fähigkeit, sich mit der Lichtenergie der Erde zu verbinden, um sich zu erhalten. Man könnte deshalb sagen, dass diese Wesen einen sehr »leichten[1]« Fußabdruck hinterließen. Sie brauchten die Ressourcen der Erde nicht anzutasten.

Die Lemurier waren die ersten einer Reihe von Sternenwesen aus vielen unterschiedlichen Zivilisationen, die euren erstaunlichen und wunderschönen Planeten besuchten und geblieben sind. Ihr müsst verstehen, dass diese Besucher, eure Vorfahren, nicht nur durch den Weltraum reisen können, sondern auch durch die Zeit und andere Dimensionen. So kann es sein, dass eure Wissenschaftler angeben, dass ein bestimmter Planet oder Stern unbewohnt ist, wo doch seine Bewohner in Wahrheit in einer anderen Schwingungsfrequenz leben.

Der Weg, auf dem die Menschheit sich heute befindet, ist schon einmal gegangen worden, und zwar von

---

1) Anm. des Übersetzers: leicht und Licht wird im Englischen gleich geschrieben: light

denen, die ihr Atlanter nennt. Diese Wesen, die nach den Lemuriern kamen, waren für ihre Reisen durch ganze Galaxien berühmt und besaßen großes technologisches Wissen. Doch waren die Atlanter so auf ihre Technologie fixiert, dass sie darüber vergaßen, was für die wundervolle Erde wichtig ist. Sie ließen das Herz außer Acht und hatten einzig den Wunsch, sich ihre Umwelt untertan zu machen und sie zu kontrollieren.

So haben sie große Verwüstung über den Planeten gebracht, weil sie versuchten, interplanetare Energien auf eurer Erde zu nutzen, ohne dass sie die Möglichkeit eines gigantischen Ungleichgewichts in Betracht zogen. So wurde Atlantis zerstört und die Erde in ein katastrophales Durcheinander gestürzt.

Auf gewisse Art und Weise steht die heutige Menschheit vor ähnlichen Herausforderungen. Es gibt einige unter euch, die sich nur auf die Technik um der Technik willen konzentrieren und andere, die der Erde alles entreißen wollen, nur wegen des Profits und der Macht. Beide weigern sich, die zerstörerischen Ergebnisse ihres Tuns in Betracht zu ziehen.

Es gereicht euch nicht zum Besten, wenn ihr die Erde und alles in und auf ihr missachtet. In dem Maße, wie eure Technologie sich entwickelt, wächst auch die Verantwortung, die mit solchem Wissen einhergeht. Alles außerhalb von euch ist ein Spiegelbild für euer emotionales und mentales Sein. Wenn ihr euch um euer inneres Wohlbefinden sorgt und darauf achtgebt, wird sich das in eurer äußeren Welt widerspiegeln. Gier und Machthunger kann die Erde, so wie ihr sie kennt, zerstören, wie es schon zu atlantischer Zeit geschehen ist.

Bis vor kurzem bestand die Möglichkeit, dass ihr zum jetzigen Zeitpunkt, auf dem ganzen Planeten eine Realität der Harmonie und Balance erschaffen würdet. Das ist nicht geschehen. Man könnte sagen, ihr habt als Kollektiv den Weg mit der schöneren Aussicht gewählt, auf der es länger dauert, bis die mögliche Realität von Harmonie und Ausgeglichenheit erreicht ist. Das hat seine Gültigkeit, obschon die Herzen der meisten auf dieser Ebene sich danach sehnen, endlich Frieden und Harmonie zu finden.

Viele unter euch sehnen sich auch danach, sich wieder mit ihren Sternenbrüdern und -schwestern zu vereinen. Und das werden sie. Ihr wart nie wirklich getrennt. Euer Planet wurde zu allen Zeiten überwacht und eine Verbindung wurde immer aufrechterhalten, wenngleich im Versteckten. Obschon wir meinen, dass die Kommunikation durch die Kornkreise nichts Verstecktes an sich hat. Die Muster der Kornkreise könnte man als »Wecker« bezeichnen. Sie aktivieren nicht nur euer DNA Potential, sie beweisen auch, dass ihr nicht die Einzigen im Universum seid und dass ihr beobachtet werdet.

Ihr könnt es auch als eine Warnung betrachten, achtsamer zu werden.

Der Zeitpunkt zu einem Kontakt mit dem Sternenvolk in aller Öffentlichkeit rückt näher. Der Zeitrahmen 2012/2013 wirkt wie ein Portal. Es bezeichnet den Übergang von einer Schwingungsfrequenz in eine neue, schnellere, höhere, leichtere Schwingungsfrequenz. Man könnte auch sagen, dass ihr die Gelegenheit bekommt, aus einem »atlantischen« Schwingungszustand heraus die Schwingung der Lemurier anzunehmen und so zu Lichtwesen zu werden. Auf diese Weise werdet ihr euer höchstes Potential ausdrücken.

Die Sternenwesen besitzen Technologien, die der Menschheit und eurem Planeten von großem Nutzen sein können. Doch es handelt sich um LICHT-Technologie und deren Missbrauch würde eine enorme Last und ein unglaubliches Ungleichgewicht für euch und eure Welt bedeuten. Man könnte auch sagen, dass der Kontakt mit euren Sternenbrüdern und -schwestern von eurem Bewusstsein abhängt.

SCHICKSAL

Viele fragen uns, was ihre Mission sei oder was sie tun müssen, um ihren »Vertrag« zu erfüllen. Vergesst nicht, eigentlich ist nichts in Stein gemeißelt. Wenn ihr vor der Geburt euren »Spielplan« aussucht, legt ihr auch gewisse Möglichkeiten an. Auf eurem Lebensweg habt ihr jedoch immer die Wahl, ob nun bewusst oder unbewusst, wie ihr eure Schöpfungen ausgestalten wollt.

Gemäß euren Vorstellungen und Gefühlen wählt ihr für euer Leben dann das Eine oder das Andere aus. Es mag Zeiten geben, wo ihr lieber eure Pflicht tun wollt, statt eurem Herzen zu folgen. Es wird Zeiten geben, in denen ihr tut, was ihr glaubt, tun zu »müssen« oder was andere von euch erwarten. Einige unter euch haben einen Plan, etwas, das sie sich so sehr wünschen, dass sie sich durch nichts und niemandem von ihrer Vision abbringen lassen.

Das alles hat seine Gültigkeit. Was immer ihr euch aussucht, hat seine Gültigkeit. Wie könnte es anders sein? Wenn ihr eurem Herzen folgt und euch bemüht, alles, was in euch steckt, zum Ausdruck zu bringen, werdet ihr automatisch eure Bestimmung erfüllen. Irgendwie ist euer Schicksal auch nur eine weitere Geschichte, die ihr euch ausgesucht habt, um an den damit verbundenen Erfahrungen teilzuhaben. Du musst dich durch nichts vom Weg abringen lassen, <u>es sei denn, du möchtest es so.</u> Wenn du das Gefühl hast, dieses oder jenes tun zu »müssen«, sagen wir: Folge diesem Gefühl. Folge deiner Intuition. Dadurch wirst du dich automatisch »richtig« entscheiden, die richtige Wahl treffen, was dich wiederum genau dorthin führt, wo du sein »sollst«. Um eine Entscheidung solltest du nicht ringen müssen. (Es mag allerdings ein Kampf sein, bei einer einmal getroffenen Entscheidung bleiben zu wollen.)

Manchmal ist es einfach unvorstellbar, dass alles immer perfekt sein soll. Aber es ist so. Wir stellen fest, dass viele, die sich auf dem spirituellen Weg befinden, einem »Guru«, einem »Meister« oder einem »Channel« erlauben, ihnen zu sagen, was sie tun sollen, damit sie ihre Bestimmung erfüllen. Wenn es sich richtig anfühlt, dann folgt dem Hinweis. Wenn ihr unsicher seid, haltet inne und fragt euch: »Bringt das mein Herz zum Singen? Fühlt sich das für mich richtig an? Würde ich mich selbst ebenso entscheiden?« Könnt ihr es nicht von ganzem Herzen unterschreiben, lautet die Antwort »NEIN!«

Keiner kann für euch wählen oder Entscheidungen treffen. Denn darum geht es, wenn wir von Souveränität und Freiheit reden. Du bist die Göttin/der Gott und du lebst dein Leben, das du dir so gestaltest, wie du es willst.

Wenn du Leute siehst, die in ihrem Leben großen Erfolg haben oder die selbstlos der Menschheit dienen, sind das immer Menschen, die lieben, was sie tun.

Was auch immer sie antreiben mag, sie tun, was sie tun, weil das Ergebnis ihr Herz zum Singen bringt. Es ist nicht ihre Absicht, mit dem was sie tun, ihre Bestimmung zu erfüllen.

Letztendlich erfüllst du deine Bestimmung, wenn du ein erfülltes Leben lebst. Das bedeutet nicht, dass du nicht immer noch Wünsche für dein Leben haben kannst. Es bedeutet, dass du begriffen hast, dass du ein kreatives und äußerst machtvolles Wesen bist, das liebend gerne immer wieder Neues und Erstaunliches kreiert, einfach weil es das kann.

Das bedeutet auch nicht, dass du dir nicht immer mal wieder eine Herausforderung kreierst. Denn das wirst du. Es bedeutet jedoch, dass du den Herausforderungen mit soliden Kenntnissen begegnen kannst. Dir ist bewusst, dass alles im Außen nur eine Geschichte ist, die dir bestimmte Gefühle nahe bringt. Fühlt es sich gut an, lässt du dich mit ihnen treiben. Fühlt es sich nicht gut an, ist das so wegen einer Angst. Dann hältst du inne und setzt dich mit ihr auseinander. Wichtig ist nicht die Begebenheit selbst, sondern wie sie sich jeweils für dich ANFÜHLT. Du bist eine selbst erfüllende Prophezeiung und dein Leben zeigt dir, was du glaubst.

MACHT

Damit du lernst, wie du dir deine Wirklichkeit nach deinen Wünschen erschaffen kannst, ist es vor allem wichtig, dass du die machtvolle, kreative Energie untersuchst, die du bist. Es ist nicht notwendig, ja sogar unmöglich, dass du alle Feinheiten und Kombinationen auf allen Ebenen des Bewusstseins durchschaust, die für eine Co-Kreation einer Situation nötig sind. Wisse einfach, es ist ehrfurchtgebietend. Aber es ist wichtig, dass du verstehst, dass alles auf der einen oder anderen Ebene von DIR MITERSCHAFFEN wurde.

Wenn du akzeptieren kannst, dass alle Erfahrungen in deinem Leben von dir miterschaffen wurden, bist du auf dem Weg zu wahrer Meisterschaft. Ihr lernt und versteht wie es funktioniert und seid dann schnell bereit, eure Beteiligung an den Situationen anzuerkennen, die euch negativ erscheinen. Ihr seid sogar bereit, dafür die Schuld zu übernehmen. Doch wir stellen mit gewissem Amüsement fest, dass ihr allen Ernstes sagt: »Welch fantastisches Glück« oder »da hatte ich noch mal Glück!« wenn euch gefällt, was ihr erschaffen habt, anstatt dass ihr euch überlegt, wie ihr es gemacht habt und euch dafür auf die Schultern klopft.

Wenn du dich selbst nicht als Schöpfer anerkennst, gibst Du deine Macht nach außen ab, auf die gleiche Weise, als ob du in eine Opferrolle verfällst und dich für machtlos hältst. Erkenne deine machtvollen Schöpfungen in deinem täglichen Leben. Fühlt es sich nicht gut an, frage dich lieber, welcher deiner Glaubenssätze zu dieser »negativen« Situation geführt hat, anstatt dass du dich für deine Schöpfung verurteilst. Das, was dir als negative Situation erscheint, ist nicht etwa als Strafe vom Universum, von Gott oder deiner Seele gedacht. Es ist das Ergebnis von dem, was du über dich und deine Beziehung zur Welt glaubst. Jede negative Situation ist in Wirklichkeit ein Geschenk an dich. Ein Geschenk, das dich mehr über dich selbst lehrt und dir ermöglicht, die Glaubenssätze zu verändern, die dir nicht länger nützlich sind.

In dem Maße wie dein Bewusstsein wächst, wirst du auch bewusst deine Fähigkeiten einsetzen können. Du musst nur die Grundelemente dieser Fähigkeiten erkennen. Du musst einzig wissen, dass du sie hast. Alles, was du dir erschaffen willst, beginnt mit einem Gedanken. Manchmal verhindern deine Glaubenssätze, dass du etwas manifestieren kannst. Sehr oft willst du etwas ganz Bestimmtes für dich manifestieren, aber der tiefsitzende Glaube, dass du es nicht wert bist, verhindert die Manifestation.

Du bist aufgefordert, dir bewusst zu werden, welche Kräfte du hast. Du kannst damit etwas erschaffen, oder du kannst mit DENSELBEN KRÄFTEN etwas nicht erschaffen. Du bist ein erstaunliches Reservoir voll kreativer Kraft und dir steht die Energie des gesamten Universums zur Verfügung.

Die mächtigste Kraft im Universum, mit der höchsten Frequenz, ist die Liebe. Wie wir an anderen Stellen bereits erwähnten, ist die Liebe nur ein anderer Name für Göttin/Gott, ALLES WAS IST. Alles was existiert, besteht aus der Energie von diesem ALLES WAS IST. Das zeigt dir, was deine wahre Essenz ist. Das ist, was du in Wirklichkeit bist, egal wie du dich selbst wahrnimmst.

Du BIST diese Kraft. Schau dir dein Leben an. Selbst dann, wenn dir nicht gefällt, was du dir bisher erschaffen hast, es ist DEINE Schöpfung. Wenn sie dich nicht erfreut, hast du die Fähigkeit, sie zu transformieren. Wir wünschen uns für euch, dass ihr euch zunehmend in eurer Haut als machtvolle Wesen wohlfühlt. Erkenne deine Fähigkeiten an und sei dankbar dafür. Du wirst dich mehr und mehr an sie gewöhnen und sie zunehmend auf passende, freudige und kreative Weise einsetzen.

Du bist von deiner Seelenenergie nicht getrennt. Diesen Teil von dir kannst du jederzeit kontaktieren. Sie sendet dir ständig Informationen zu. Du hast dann eine Eingebung, einen Traum oder ein inneres »Wissen«. Deine Seelenenergie ist sich bewusst, dass sie eine Ausdrucksform des ALLES WAS IST ist. Sie ist ein Teil der gesamten »Energiesuppe« genannt Schöpfung und weiß, dass sie ewig ist.

Nichts im Universum ist von irgendetwas getrennt. Wie soll das möglich sein? Dein kreatives Potential und die »Richtigkeit« deiner Existenz werden dir von der Natur zurückgespiegelt. Wenn du die Schönheit einer Blume bemerkst, käme dir nicht in den Sinn zu sagen, »diese Blume verdient es nicht, zu existieren, weil sie die falsche Farbe hat.« Die explosive Kraft, die diese Blume in ihrer einzigartigen Schönheit und Eleganz zum Wachsen und Blühen gebracht hat, zeigt dir, wer du bist: Einzigartig, wunderschön und voll unendlicher Schöpferkraft.

Du bist ein Spiegelbild des ALLES WAS IST, ein ehrfurchtgebietendes, mächtiges Wesen, das sich selbst aus dem einheitlichen Feld des Bewusstseins in diese Existenz ausdehnt, nur um ein weiteres mal eine unglaublich intensive Erfahrung als Mensch zu machen. Je mehr du dich als dieses Wesen lieben lernst, umso mehr wirst du an diesem »Spiel« Freude bekommen. Übe deine Fähigkeiten mit Eleganz und Anmut aus, lebe dein Leben in Weisheit und großem Wissen, in Liebe und Mitgefühl für alles, was auf und in eurer Göttin Erde existiert.

Ihr seid in jedem Moment geliebt und unterstützt.

Auch als Hörbuch erhältlich ...

Das Leben – Eine Reise zu dir selbst

In diesem Hörbuch finden Sie den vollständigen Text des Buches. Robert Betz liest es persönlich. Durch seine lebendige und eindringliche Stimme wird dem Hörer der Inhalt des Buches noch leichter zugänglich.

Robert Betz Verlag · 2 CDs · ca. 160 Min. · € 19,80

P'taah, Lehrer der geistigen Welt, spricht zu uns ...

Die Botschaften von P'taah

Band 1: Erkenne jetzt das göttliche Wesen, das du bist!
Band 2: Du bist wunderbar und wirst unendlich geliebt!

Der geistige Lehrer P'taah erläutert wie kaum ein anderer, wie
wir aus den leidvollen Wiederholungen in unserem Leben
aussteigen und zur Liebe zurückfinden, aus der wir alle kommen.
Seine Antworten auf die Fragen seiner Zuhörer sind erfrischend,
humorvoll und voller Weisheiten, die uns das Leben verstehen
lassen und unser Herz für das Lieben öffnen.

Robert Betz Verlag · je ca. 240 Seiten, geb. · € 16,80

Lebensnahe Antworten auf unsere brennendsten Fragen

Gespräche mit P'taah

Alles ist vollkommen

Der geistige Lehrer P'taah hat vielen Menschen die Augen geöffnet für ein neues Denken über die Grundfragen des Mensch-Seins. Seine Antworten auf Fragen, die viele Menschen bewegen, vermitteln ein tiefes Vertrauen in das Leben, nach dem sich viele in dieser jetzt beginnenden neuen Menschheitsära sehnen. Dieser Band enthält neue Dialoge mit diesem großen Freund der Menschheit.

Robert Betz Verlag · 168 Seiten, geb. · € 16,80

Seite für Seite eine Inspiration für Herz und Seele

P'taah – Das Geschenk

Juwelen der Weisheit

Mit diesen Juwelen der Weisheit gehst du in Leichtigkeit durch
diese Jahre des großen Wandels. »Diese Worte werden euch,
einem jeden und einer jeden von euch, als Geschenk überbracht.
Euch, die ich euch absolut liebe. Euch, die ihr mein Herz singen
lasst. Euch, die ihr ein überaus wunderbarer Aspekt dessen, was
Ich Bin, seid. Diese Worte sollen euch nur an das erinnern, was ihr
im Grunde schon wisst.« P'TAAH

Robert Betz Verlag · 157 Seiten, geb. · € 9,80

P'taahs Perlen der Weisheit – als Kartenset

Die Botschaften von P'taah

Perlen der Weisheit – Kartenset

Dieses Kartenset enthält eine Auswahl von Kerngedanken aus den beiden Büchern „Botschaften von P'taah", Band 1 und 2. Die Schlüsselsätze auf den 72 Karten dieses Sets sind eine Fundgrube von Weisheiten, die uns im Alltag begleiten und uns auf den Weg der Heilung alter Wunden, die Liebe zu uns, zu allen Menschen, zu Mutter Erde und Vater-Mutter-Gott und damit zu innerem und äußerem Frieden zurückführen.

Robert Betz Verlag – ehemals Verlag Roberto & Philippo

72 Karten · € 24,90

Drei Abendveranstaltungen mit Jani King und Robert Betz

Ihr seid ein perfekter Ausdruck des Göttlichen

Ein geistiger Lehrer beantwortet unsere brennendsten Fragen

In seinem Vortrag und in seinen Antworten auf Fragen von Robert Betz und von Zuhörern präsentiert P'taah auf eine sehr liebevolle und gleichzeitig glasklare, leicht verständliche Art eine neue Sichtweise des menschlichen Lebens. Robert Betz: „Dies ist eine der besten und klarsten Vorträge über uns Menschen, die ich je gehört habe." Durch die exzellente Übersetzung durch Silvia Autenrieth wird das Hören dieser CDs zum reinen Genuss. Neben den vielen neuen Erkenntnissen erfährt der Hörer zugleich eine spürbare Anhebung seines Energieniveaus, verbunden mit einer tiefen Freude und Liebe.

Robert Betz Verlag · 3 CDs · € 20,00